川田きし江画文集

地球スケッチ紀行②

民族の十字路に立ちて

はじめに

海外に旅するようになって久しくなります。旅立つときは、空港にあふれんばかりの人だかりがあったり、あるときは、どのゲートの席にも人の姿がなく、歩いているのは空港のスタッフか、店に品物を搬入している人ぐらいだったりのこともあります。ただ、あまりに静かなのは寂しいものです。

航空券も昔と違って、コンピュータから出力された、Ｅチケットという一枚の紙切れで、味気なくなってしまいました。それを提示し、カウンターで荷物を預けるときは、トランクの重さが気になります。持っていきたいものが多いときは、戦々恐々としながら荷物を秤に載せます。制限ぎりぎりセーフのときは、思わず顔がほころびます。オーバーすると、人前も気にせず、トランクの中から手あたり次第、中身を引っ張り出します。周りで見ている人は、さぞかし滑稽だと笑っているかもしれませんが、当の本人は真剣です。

帰国の際は、旅先で譲り受けたり、おみやげとしていただいたりするものもあり、それを持ち帰るのはなかなか厄介です。せっかく譲ってもらったものなど、傷をつけず、大切に持ち帰るのは至難の業と言ってもいいくらいです。

旅を重ねていくうちに、ねだってでも欲しいと思うものが増えました。素朴で、日常生活に欠かせない道具、年月を重ねて使い込んだものがどうしても欲しくなります。店先に並ぶ土産物も、洗練されて、人目を引くものになってはいますが、その分素朴さに欠け、私の好みからはだんだん遠ざかっていく気がします。

※

旅に出るときは、季節を考え、出かけやすいときを選ぶのも一つの知恵です。日本のような四季がなく、雨期、乾季だけあるところもあれば、白夜のところもあって、戸惑うことも少なくありません。とりわけ、炎天下の砂漠は、想像を絶する暑さです。そんな場所での昼下がり、どれだけ暑いのか確認するために外に出たことがあります。地面から陽炎がゆらゆらと沸き上がり、身体が鉄板の上に放り出されたようで、体中から一気に水分が抜けていくのがわかりました。「外に出てはだめだよ」と、教えてくれた地元の人は、聞き分けのない私たちに「本当に暑いでしょう」と、大笑いしていました。
「郷に入れば郷に従え」の言葉どおり、素直に忠告は聞くべきだと反省することは度々あります。「火焔山」は、文字通りの暑さでしたが、陽が落ちるとさわやかな風が吹き、日中の暑さを忘れさせてくれました。そして、夜になると、ぶどう棚の下では賑やかに歌や踊りが始まるのです。

一歩先も見えない砂漠の砂嵐の中に身を置いたこともあります。突き進む車は、フロントガラスが割れんばかりでした。砂塵の向こうにかすかに遺跡が見えたときには、早く砂嵐が終わって欲しいと心の中で祈ったりしたものです。

砂漠に埋まる遺跡はどこでもそうですが、過酷な自然の中で時代の経過とともに風化されていきます。風紋を踏みながら、探訪すれば、完全に当時の建物が現存する以上に空想が膨らみ、魅力が増していくのはなぜでしょうか。

目的地に着くまでにいろいろなハプニングに出合うこともあります。飛行機の不具合とか、降りる空港の管制官の許可が取れないとかの理由で、空港に足止めされ、乗り継ぎできないこともしばしば。現地で待っている人との連絡が取れないまま飛行機に乗ったものの、遅れたために搭乗することになっていた乗り継ぎの飛行機が飛び立った後のこともありました。

航空会社の手配でホテルに一泊し、翌日空港に出かけましたが、目的地の天候不良のために再度空港に足止め。空港からは外に出ることもできず、ひたすら飛行機が飛ぶのを待つしかありません。情報もなく、どうなってしまうのか、友人は待っていてくれるのか、二日遅れて目的地に到着したとき、友人は毎日空港に足を運んで待っていてくれたことを知りました。聞くと、家から空港までは二〇〇キロも離れているとのこと。そんなことがあったからこそ、今でも交流が続いているのです。

※

過酷な自然の中に建つ遺跡群は、風化や植物の地上根に絡まれ、存続が危ぶまれています。技術はあったとしても、微力な人間の力では修復作業が追い付きません。その上、地震や嵐といった避けられない天変地異も起きます。

それで消滅していった遺跡も数多くあります。訪れた一カ月後に、イランのアルゲ・バム遺跡やネパールのカトマンズの遺跡は地震で大きな被害を受けました。

カトマンズの僧院を巡ったとき、遺跡の中にある建物で青年僧が赤と青の木彫りのお面を二つプレゼントしてくれました。二つとも持ち帰るにはカバンが小さく、しばらく悩んだ末に、青いお面一つだけにしました。仏の化身さながら、引き込まれるような魅力を感じたからです。

その一週間後に地震のニュースを聞きました。もう一つのお面も持って帰ればよかったと、胸が痛みました。大きな遺跡のレンガとともに埋まってしまったに違いない。残念なことをしたという思いは今も消えていません。

さらにもっと切ないのは、自分たちの考えに合わないからと、遺跡を破壊する行為です。幸い、私が訪ねたときは、広大な遺跡の列柱や商店街の跡、その当時の生活の名残りをとどめているところを、心ゆくまで歩くことができ、それを今でもはっきり覚えています。

ラクダが列柱の横を歩いていく。夕陽の影が大きく伸び、壮大なシルエットをつくって、たそがれていく様子は感動そのものでした。その遺跡のいくつかは破壊され、今では見ることができません。

※

近頃は、難民のニュースをしばしば耳にします。シリアのモスクで出会った少女のことも忘れられません。彼女は最後のお祈りに来ていました。「明日はトルコの難民テントに行きます。でも、私のことを忘れないで……」と、涙を浮かべながら私に手づくりのポーチを渡してくれたのです。

今、彼女はどこにいるのか、何歳になったのか、何もわからないのですが、渡されたポーチを見るたびに、そのつぶらな瞳を思い出します。

どんなときも出会いがあり、別れがあり、人生とはその繰り返しです。旅は特に出会いと別れが鮮烈で、悲しい思いはしたくないと願いながらも、次の旅へ、そして、また次の旅へと繰り返してしまうのです。

私は旅に出たとき、その旅先で少なくとも一人の友人はつくって帰りたいと願っています。そして、その友人との関係が長く続くように努めるのです。

そんな思いを持って旅に出るようになって二十年近くになりますが、各地の友は私のかけがえのない宝物となっています。もちろん再会を心から願っているのですが、なかなか容易に機会が巡ってきません。再会できた友人もいるし、私が訪ねて行ったこともあります。二度目の再会であっても、親友のように話すことができて、終生の友となったような気分になることもしばしばです。

二〇〇五年の愛知万博が開かれたモリコロパークには、世界各国がパビリオンを設けました。私は訪問したことのある国々のパビリオンを訪ねました。一般にはあまり知られていない国が多かったせいか、入場者は少なく、その国のアテンダントとゆっくり触れ合うことができました。

当時、私は手作りの絵本を作っていたので、その国の言葉に翻訳することをお願いし、三十八カ国の絵本が出来上がりました。そんな共同作業のおかげで、各国のアテンダントと交流が深まり、その後、招待されて訪問した国も数多くあります。

アテンダントの方たちの多くは、素晴らしい経歴の持ち主で、今では国の主要なポジションで活躍しています。そうした友人にもメールマガジンを送り、交流が続いていることはとても幸せなことだと、うれしく感じています。

ともあれ、私にとって旅は、人生そのものです。仏教でいう「愛別離苦」がそこにありますが、「未知との遭遇」、「合縁奇縁」によって、人生は豊かになっていくのです。そう信じながら、私の旅はまだまだ続いていくことでしょう。

川田　きし江

地球スケッチ紀行②民族の十字路に立ちて♡もくじ

本書で訪ねた世界の地域
アラスカ
(アメリカ)
プリンスエドワード島
(カナダ)
ナスカ(ペルー)
トルア(ニュージーランド)
日付変更線

ラップランド地方
（ノルウェー）
ウルネス
（ノルウェー）
トゥルク（フィンランド）
トゥラカイ（リトアニア）
ハイデルベルグ
（ドイツ）
チェスキー・クルムロフ（チェコ）
ソフィア
（ブルガリア）
バクー
（アゼルバイジャン）
トルガルト峠（キルギス）
オビドス
（ポルトガル）
コルチャ
（アルバニア）
パルミラ
（シリア）
サマルカンド（ウズ
ベキスタン）
内モンゴル自治区カラホト
（中国）
メテオラ
（ギリシャ）
テヘラン（イラン）
クサール・ハッタダ
（チュニジア）
ベガー高原（レバノン）
ペトラ（ヨルダン）
カスバ街道
（モロッコ）
ナイル川西岸
（エジプト）
シレット
（バングラデシュ）
雲南省大理市（中国）
雲南省元陽（中国）
バナニ村
（マリ）
ジェンネ（マリ）
イラワジ河畔（ミャンマー）
シーギリアロック
（スリランカ）
クアラルンプール
（マレーシア）
赤道
セントーザ島
（シンガポール）
アンボセリ（ケニア）

36 石の神殿群と墳墓盗掘の谷

ナイル川西岸♥エジプト・アラブ共和国

鷹《たか》が舞っていた。

薄い朝霧のたち込める谷の向こうに、ピラミットを思わせる赤土の山がそびえていた。そこはナイル川の西岸の王家と王妃の谷にある貴族の谷である。貴族の墓の上には多くの家が建ち並び、一つの村になっている。墓の横穴を住居にしている人もいる。

あるとき、国がここを遺跡公園にする計画を立て、ナイル川のほとりに、電気、水道完備の代替住宅を建てて住民を移動させようとしたが、出ていく人は一人もいなかった。そこは代々つづく墓荒らし、盗掘の村で、住民たちは、長年、家の下の宝物を掘り出して暮らしていた。村には二万人を越える人が住んでいて、盗掘品をめぐってのけんかや傷害事件が絶えなかった。

墓掘り職人の村も残っていた。全国から選り抜きの職人が集められて墓掘りをしていたのだ。今もそこには壁や間仕切りの日干しレンガが積み重なって残っている。

住居跡には、職人の墓や小神殿、小型のピラミットも建っている。墓は地下が盗掘品の埋蔵室、地上が供養室になっている。

白雲浮かぶなだらかな丘を背景にした職人村の人に外へ出る自由はなかった。ただ墓掘り暮らす年月を重ねていたのだ。

新たな墳墓建設や内部装飾に腕をふるう穏やかな生活がつづいていたともいう。

このあたりで目立つのは王妃の谷である。荒れた赤い瓦礫《がれき》の世界であったが、女性を葬った土地らしく、どことなく山の姿が優雅だ。

生前の王妃を描いた壁画が残っているが、その時代の美人は細身であったようだ。ここからは、王女やその母、姉妹のミイラが出てきた。もちろん、その装飾品も高い値段で売られていった。

奇怪な岩山を背にしたラムセス六世の墓へもぐると、急に大気が冷えてきて、死者の墓へ入ったのだという思いが強くなった。

（生駒忠一郎）

水売りのラッパが響く

乾燥した砂漠に厳しい日差しが照りつける。水売りのラッパの音が騒がしく響くなかで、ゆったりと水パイプをくゆらせる人やナツメヤシを売る人たちが集まってきた。午後の広場。今はこうした光景は見られなくなってしまった。

ナイル川西岸♥エジプト・アラブ共和国　（1998年10月）

37 あざらしの生肉を主食にするイヌイット

アラスカ州♥アメリカ合衆国

天空を仰ぐイヌイットの老猟師の鳶色《とびいろ》の瞳に、東の空から中天へ、そして西の空へと青黄《せいおう》色の光がめまぐるしく形を変えながら走る。

太陽風が地球の南極や北極の磁場に降りそそいで起きるオーロラである。

こんな妖異《ようい》な自然のなかに生きるイヌイットの人たちがもっとも恐れるのは、十数年に一度、太陽の黒点の変化によって全天に起きる奇怪な現象である。暗黒の世界に真紅のオーロラが何日にもわたってうずまき狂う。その悪魔の狂宴が終わったときには、多くの人が発狂しているという。

アラスカのフェアバンクスから、もっともオーロラが多いという北極の最果ての「冥《めい》界《かい》の死者の国」バローへ飛んだ。その地は北極海で、十一月中旬から約七十日間、太陽が現れない闇の世界である。

四千人の人口のうち六〇パーセント強が非常に誇りが高いイヌイットの人たちである。

クジラの骨や北極熊の毛皮がいたるところに干されている。バローは、一、二月は零下四、五〇度になり、ほとんど家のなかですごす。

この人たちの主食は、栄養豊富なアザラシの肉である。アザラシは、とくに目玉がうまく、血だらけの生肉をあめ玉のようにしゃぶる。タレも何もつけないので相当なまぐさい。皮は衣類やブーツ、脂肪は燃料、人間の食べない部分は犬にやる。

一年間、太陽の出没が非常に不規則なので、朝、昼、夜の時間帯がない。家族でも、各人お腹がすくと勝手に食べ、自由に仕事をし、遊んでいる。個人別行動がほとんどだ。

ついこの間まで、もっとも貴重にされていたのはソリを引く北極犬であった。だが徹底的に酷使し、いじめ抜く。エサもあまり与えないので、犬は一片の肉をもらうために命がけでソリを引いて走る。少しでも怠けたら残酷な仕置きが待っている。犬に怠け心を起こされては人間は生きていくことができない、それほどに厳しい環境なのである。

（生駒忠一郎）

アラスカ州北東部の野生動物保護区

永久凍土のため石油のパイプラインは地下に埋設できず、動物たちがくぐり抜けられる高さにつくられている。トナカイの大きい角やエサになる下草が真っ白な雪原のなかで印象に残った。バローにはイヌイットの人たちが、アラスカで一番多く定住している。

アラスカ州♥アメリカ合衆国　（2004年9月）

38 遊牧の民サーミの歌う民族音楽「ヨイク」

ラップランド地方♥ノルウェー王国

そこはノルウェーの北極圏、ラップランド地方の極夜《きょくや》の森である。すべてが雪におおわれ、凍てつく空がオーロラに彩られている。

ラップランド地方とはスカンジナビア半島北部からコラ半島にいたる地域をさし、ノルウェー、フィンランド、スウェーデン、ロシアの四カ国にまたがる。この極北の地に数千年前から住む民族がサーミ（ラップ族）で、トナカイの群れを追って暮らす謎多き遊牧の民である。

そのサーミと出会い、河原に張ったテントに誘われた。

テントのまわりの雪をヤカンに入れて湯をわかし、コーヒーを淹れて、薫製《くんせい》にしたトナカイの太股の肉を小刀でけずって焼いていた。冬の雪の下で育つ苔を主食にするトナカイの肉はにおいがなくて柔らかい。塩とコショウをつけて食べると実においしい。サーミはその肉を主食にし、トナカイの皮でテントを張り、ソリで北へ北へと向かう遊牧の生活を今も守っている。

赤や青、黄色の色鮮やかな民族衣装を身にまとったサーミの主婦が、地酒のスコールを鉢に入れてもってきた。ひどく強い酒である。また、サーミが愛飲する度の強いコルトというビールには、なぜか日本の東郷平八郎や山本五十六の似顔絵のラベルを貼ったものもあり、トーゴービールなどと呼んでいる。

サーミがこよなく愛している民族音楽は「ヨイク」である。祝詞《のりと》か経文のように低い声で感情を押さえてつぶやきうめくように歌いつぐ。伴奏の太鼓や弦楽器もかなり低音で、不気味に響く。キリスト教が入ってきたときには、「悪魔の音楽」と呼ばれ、忌《い》み嫌われ追放された。

宗教や神話をもたないサーミの「ヨイク」は北極圏特有のシャーマニズムで、狂気のように太鼓をたたき、倒れるまで歌いつづける。意識を失うと、魂が肉体を離れて遠い世界へ旅立つと考えられているからだ。

北極圏をトナカイとともに移動しながら歌いつがれてきた「ヨイク」は、自然や歴史の語り部のようなもので、アイヌのユーカラとよく似ている。

（生駒忠一郎）

謎の多い民族サーミ

色鮮やかな民族衣装が雪原に映える。サーミの人たちは、骨組みとなる柱を三角錐状に組み立て、トナカイの毛皮をかぶせたコータ（テント）に住み、トナカイの狩猟や飼育、漁労をしながら遊牧生活をしている。

ラップランド地方♥ノルウェー王国　（2000年4月）

39 ナバテア王国の中心地ペトラ

ペトラ♥ヨルダン・ハシミテ王国

警官の騎乗する馬のひずめの音がシク（道）に響きわたる。そそり立つ岩のさらにその上に、わずかに空がのぞく。岩の割れめだ。

ここは紀元前に栄えたナバテア王国の中心地ペトラ。難攻不落《なんこうふらく》の岩壁都市といわれたものであるが、一九世紀にドイツ人のアラビア学者により発見されるまで、長い間忘れられた廃墟の町であった。

高さ数百メートルもある岩壁に挟まれたシクは、水路であったと思われる溝がどこまでも岩肌に見られ、ところどころにラクダなどの絵が線刻されている。

岩のすきまが突然開けたと思うと、目の前にピンク色をした〝エル・カズネ〟が姿を現した。

何カ月もの探索の結果発見されたこの神殿は、荒々しいシクの岩壁とはちがい、美しく整然としており、岩山の奥にこのような神殿があったとは想像だにできない。

白い長衣の裾をひるがえし、ラクダにまたがった男たちが通りすぎていく。さらに進むと、古代の貴族の墓墳群がつづく。

中東の国々は紀元前から、ペルシア、ヒッタイト、ローマなどの異民族の支配、イスラム教への改宗、十字軍、オスマントルコ、エジプト、さらにはフランス……絶えず戦場にされ、侵略の歴史がくり返されてきた。

ダマスカスからアンマンを目ざして向かう道の両側は一面褐色の荒野である。

一九六七年、第三次中東戦争で、ヨルダン川両岸地区をイスラエルに占領され、二年後にはパレスチナ・ゲリラと内乱が勃発し、政情不安な地である。

アンマンにあるアルフセイン・モスクの金曜日の礼拝には、ヨルダン人、パレスチナ人、シリア人、商人、農民、兵士、難民と、さまざまな境遇の人が肩を並べてメッカに向かって祈っている。

ヨルダンからイスラエルにまたがる死海は、海抜マイナス四百メートル、塩分濃度が三〇パーセントもあり、簡単に浮くことができる。また、海水には多様なミネラルが豊富に含まれ、体に良いとされている。

ナバテア王国

そそり立つ断崖の狭いシクを抜けると、岩肌にへばりつくように建つエル・ディル（修道院）が現れた。シクを抜け出してきた者の目には、岩肌が周囲の光を浴びてバラ色に染まり、美しく輝いて見えた。

ペトラ♥ヨルダン・ハシミテ王国　（1998年11月）

40　イスラム文化に浸る不思議な国

テヘラン♥イラン・イスラム共和国

黒衣《こくい》の裾をひるがえし街並みを歩く女性たち。すっぽりと頭からおおったチャドルがリズミカルに動く。とても優雅に見えた。

女性たちは無地の黒のほかに、時と場所に合わせて地紋入りの黒、小花のプリント柄の色物と、数枚のチャドルを使い分けている。

外国人といえども、すべての女性はイランに入国したなら、全員がスカーフをかぶり、丈《たけ》の長い上着を強要される。その徹底ぶりは見事なものである。

ちょうどイスラム暦の正月の十番目の日。アシュラの祭りに出くわした。イスラム教シーア派のイマーム（指導者）の殉教の歴史を今日に伝えるもので、コーランを唱える宗教者につづいて、黒づくめの服装の男たちは鎖を束ねたサンジルザーニを自分の体にあて、女性は行列の最後尾に連なって行進している。これは殉教したイマームのそのときの苦しみ、痛みを体験し、後世に語りつぐためである。どんな小さな町でも、毎年くり返される葬送の儀式なのだ。

祭りの日と重なって、レストランはどこも休みだったが、小さな田舎町の雑貨店が珍しく開いており、立ち寄ってみた。店の奥の大きな樽のなかには、カリフラワー、ニンジン、ナス、キューリなどの野菜が漬け込まれている。つまんでみると、これが実においしい。こうしたことができるのも旅の楽しみである。

毎日四百～四百五十キロの道のりを車で移動する旅であったが、途中、緑の美しいオアシスに出合うこともあった。そこは山の雪解け水を地下水溝に流してできた憩いの場所である。キャラバンサライが点在し、この地が交易《こうえき》の要衝《ようしょう》となっていたことを物語っている。

何千年もの歴史をもつペルシャ、アレキサンダー大王の遠征、モンゴル軍の襲来、ゾロアスター教、イスラム教と、それぞれの文化が融合し、独自の文化をかもすイラン。やさしい笑顔の人たちに出会い、久しぶりにとっぷりとイスラム文化に浸ることができた。

イスラム文化

毎年、イスラム暦の正月の10番目の日に行われるアシュラ祭り。男たちは鎖を束ねたサンジルザーニで自分の体を打ちながら、殉教したイマーム、アリーを追悼する。男性の後ろに黒いチャドルで頭から身をつつんだ女性が連なり、行列は進んでいった。

テヘラン♥イラン・イスラム共和国　（2001年3月）

41 雲海に浮かぶ天空の棚田

雲南省元陽♥中華人民共和国

天空にかかる梯子《はしご》といわれる中国雲南省元陽の棚田《たなだ》は、幾重にも連なっている。山肌に縞模様を描き、山の峰へと上っていく棚田のある村に住むのは、ハニ族、イ族たちで、民族衣装に身をつつんだ女性が、竹籠を背負って登り降りしている。

山の頂きから朝日を見ようと、朝霧のなかを登りはじめた。すれちがう人も間近にならないと見分けられないほどの濃霧で、気づくと髪の毛先やまつ毛に露が雫《しずく》になってついていた。

祥雲《しょううん》といわれる雲海は絶えず形を変えて、見え隠れする山の姿を千変万化させ、朝の金色の光につつまれていた。そのなかで水耕をしている農夫は、水牛を相手にのんびりと田を起こしている。

天に手が届くかと思われる棚田の上にある小さな集落では、それぞれの民族特有の色鮮やかな刺繡《ししゅう》が刺されたものや、藍染めの衣装を身にまとった村の女性が働いている。

道に迷い難儀《なんぎ》をしていると、どこからか男の子が素早くやってきて、棚田の畦《あぜ》をくずさないように注意を払って手を引いてくれた。やっとたどり着いた金竹寨の村の高台からの眺めは一段と美しく、雲海が形を変えた一瞬の間であったが、眼下に村の景色が広がった。

畦道を歩いていると、まるで私はここに住み、田の耕作に出かける村人の一人ではないかと錯覚するほどに心地よい。道ばたにしゃがみ込んで、何かを唱えている老人の足元には鶏がうずくまっていた。頭上の枝先には、柔らかい胸元の羽根や、立派な尾羽根が数本並べて射してある。

太陽の光が田面に移っていくと、棚田の水面に藻が浮き、赤かったり、緑だったり、光っていたりと、刻々と色を変え、神秘的な雰囲気をかもし出していく。

雲南省の村では、昔からの慣習が何の疑いもなく現代に受けつがれており、いっそう厳粛な思いに立たされた。

棚田

元陽の棚田は天にも届きそうなほど頂きまでつづいている。そのなかの道で、イ族の人たちが集まっていた。襟から胸元、肩にかけ、美しい刺繍が施された上着に、青系のズボン、腰に四角の布を2枚下げた民族衣装が、広大な自然のなかに溶け込んでいた。

雲南省元陽♥中華人民共和国　　（2006年2月）

42 山肌の穴居に住むベルベル人

クサール・ハッタダ♥チュニジア共和国

ラクダの目から大粒の涙がひとすじこぼれ落ちた。

サハラ砂漠では砂嵐が吹き荒れていた。ターバンで顔をつつんだ砂漠の民は、視界が悪いなかをスピードもゆるめず車を走らせる。細かい砂なのに、車体がへこんでしまうのではないかと心配になるほどの荒れ模様だ。

海と塩湖と大サハラ砂漠で代表されるチュニジアの大地は、地方によって特色が大きく異なる。

二千八百年前の紀元前九～二世紀にかけて地中海貿易で栄えたカルタゴは、ローマ帝国に征服され、その後七世紀にアラブ人によって破壊された。遺跡に残るローマ人の住居跡には、大理石やガラスを使ってつくられたモザイクの画が、カーペットのように床に描かれていた。

塩湖は北アフリカ最大のもので五千平方キロの広さがある。三百年前までは海底であったものが、土地の隆起によって生まれたという。濃度が高く〝砂漠の花〟といわれる岩塩がいたるところにころがっている。

砂漠のなかにあるトズールは、アルジェリアとの国境に近いチュニジア南部のオアシスの町であった。果てしなくつづく砂漠の風紋《ふうもん》のなかで、たわわに実をつけたナツメヤシがゆれるように大きくからだをくねらせていた。

敵や狼《おおかみ》から身を守るために、ベルベル人は険しい山の上に家をかまえてきたが、今でもマトマタの町には穴居《けっきょ》住宅がひしめき合っている。縄ばしごを使っての生活や、ゴルファ（穀物倉庫）が数多く、ローマ帝国の時代（二世紀）につくられた要塞《ようさい》跡も見られ、歴史に翻弄《ほんろう》されながらも、放牧生活をしながら暮らしてきたベルベル人のたくましさを感じないわけにはいかない。

「スター・ウォーズ」のロケ地が砂嵐の向こうにひっそりと取り残されていた。過去と未来の入り混じった異次元の空間が出現し、濃茶色のマントを着たキャラクターたちが、ここそこから飛び出してきそうな気配だ。

北アフリカ先住民

ベルベル人の町の店と住居。岩肌に横穴を掘り、上や側面に掘り進み、石やレンガを壁に積み上げてつくられたものや、地面の穴から掘り進めたものなどがある。離れたところから見ると、アーチ型の小さい扉が山の斜面いっぱいに連なっていた。

クサール・ハッタダ♥チュニジア共和国　（2003年4月）

43 重々と連なる天山山脈に魅せられて

トルガルト峠♥キルギス共和国

五千メートル近い天山山脈の峠を私は馬にゆられていた。

折り重なるように連なる天山の峰々は白い雪をいただき、二、三日移動しても山容《さんよう》はほとんど変わらない。

緑を失った草の葉先は鋭くとがり、赤茶けたゴビの砂漠が、どこまでもどこまでもつづく。はるか遠くにオアシスの緑が見てとれる。

砂塵《さじん》を巻き上げて車で走っていると、どこからか馬がすごい勢いで近づいてくる。あぶみがついていないでいるだけの裸馬の疾走。たてがみが縮《ちぢ》れ、背幅の厚いこの馬は、体格もずんぐりし、気性も荒そうであった。

山肌に寄り添うように張られた三、四個のユルタ（遊牧民のテント）の前に立つと、眉がつながった化粧の女性が出てきた。ここの女性たちの間では、一六、七世紀ごろに眉間に入れ墨を入れる習慣が広まったといわれる。これは大人として認められる通過儀礼で、その風習のなごりが眉をつなぐ化粧となったのだろう。また、カルバックという折り返しのついた白い小さなフェルトの帽子をかぶっていた。帽子にはこまやかな刺繡が施され、見事なものだった。

カザフ族はステップの草原に生活の場を求め、キルギス族は山地にその場を求めた。古来、さまざまな文化が東西から到来し、土着の文化と融合して独自の文化が形成されることになるが、その一端は遊牧民の口承《こうしょう》文学となり、吟遊《ぎんゆう》詩人によって広がっていった。草原地帯に生まれたマナスのキルギス民族統一の話として伝えられる「マナス王」の物語もその一つである。

夕陽が天山の峰を赤く染め上げていた。雲の一つ一つまでが茜《あかね》色に溶けていく。陽がとっぷりと山の端に沈み、すべてが静けさにのみ込まれる一日の終わり。黄昏《たそがれ》と、せっかく出会ったユルタの人たちとの別れの寂しさが複雑に入り混じり、このまま大地に溶け込んでしまいたいという思いにかられた。

ふと見上げると、三日月が顔をのぞかせていた。

天山山脈

折り重なるように連なる天山の峰。夕日があたりを赤く染めたころ、ユルタから民族衣装に着替え、それぞれに楽器を手にして歓迎の宴がはじまった。天山の麓の澄んだ空に、民族音楽がすい込まれていくように流れた。

トルガルト峠♥キルギス共和国　（1994年8月）

44 大地を踏みならして踊る仮面舞踊

バナニ村♥マリ共和国

ラクダに乗って訪れるトゥアレグ族のベトヴィンのテントは砂嵐のなかにあった。ところどころに丈の低いトゲのある木が、からだをくねらせたように枝を広げ、地面に這いつくばっている。

昔から「青い貴族」とも「砂漠の貴族」とも称されるトゥアレグ族は、青いダブダブの衣服をひるがえし、ターバンからわずかにのぞく目は彫りが深く、魅惑的でさえある。若者たちはラクダをうまくあやつり、疾走していた。

見わたすかぎりつづく砂漠のなかに、寄り添うように張られたテントでは、ベールと長い黒衣で顔まで隠した女性が煮炊《にた》きをしている。

砂漠での移動はラクダに頼るしかない。しかも、途中で突然座り込んでしまったり、駆け出したりと、ラクダの機嫌しだいである。

ニジェール川から離れると緑はほとんどなく、褐色の大地が果てしなくつづく。

サバンナの巨木「バオバブ」の枝には、ラグビーボールくらいの大きな実がぶら下がっている。なかには大豆ぐらいの黒い種子があり、噛むとちょっぴり酸っぱかった。

砂漠のデコボコの道を砂塵を巻き上げながら延々と車は走り、ようやくバンディアガラの断崖に張りつくようにある、ドゴン族の集落バナニ村にたどり着いた。岩山の上には、主食用倉庫やいも類などをたくわえる倉庫群がいたるところにつくられていた。

「きつねの足跡うらない」によって一日の行動を決める真剣な顔。太鼓を打ちならし、異形な仮面をつけて大地を踏みならし、鳥や獣になりきって踊り狂うドゴン族の祭りは異様なものであった。

バンバラ族、ドゴン族、ポト族等々、言語、生活習慣が異なる少数民族が、自分たちの部族に誇りをもちながら共存する西アフリカ、サハラ砂漠のマリ共和国は、なんとも不可思議な国であった。

ドゴン族の祭り

ドゴン族の倉庫群とドゴンダンス。獣や鳥の仮面をつけ長い竹に乗って、太鼓の音に合わせて舞う。ドゴン族の踊りは死者の魂を弔うための儀式で、長老の唄う声や男たちの踊りは重く力強い。

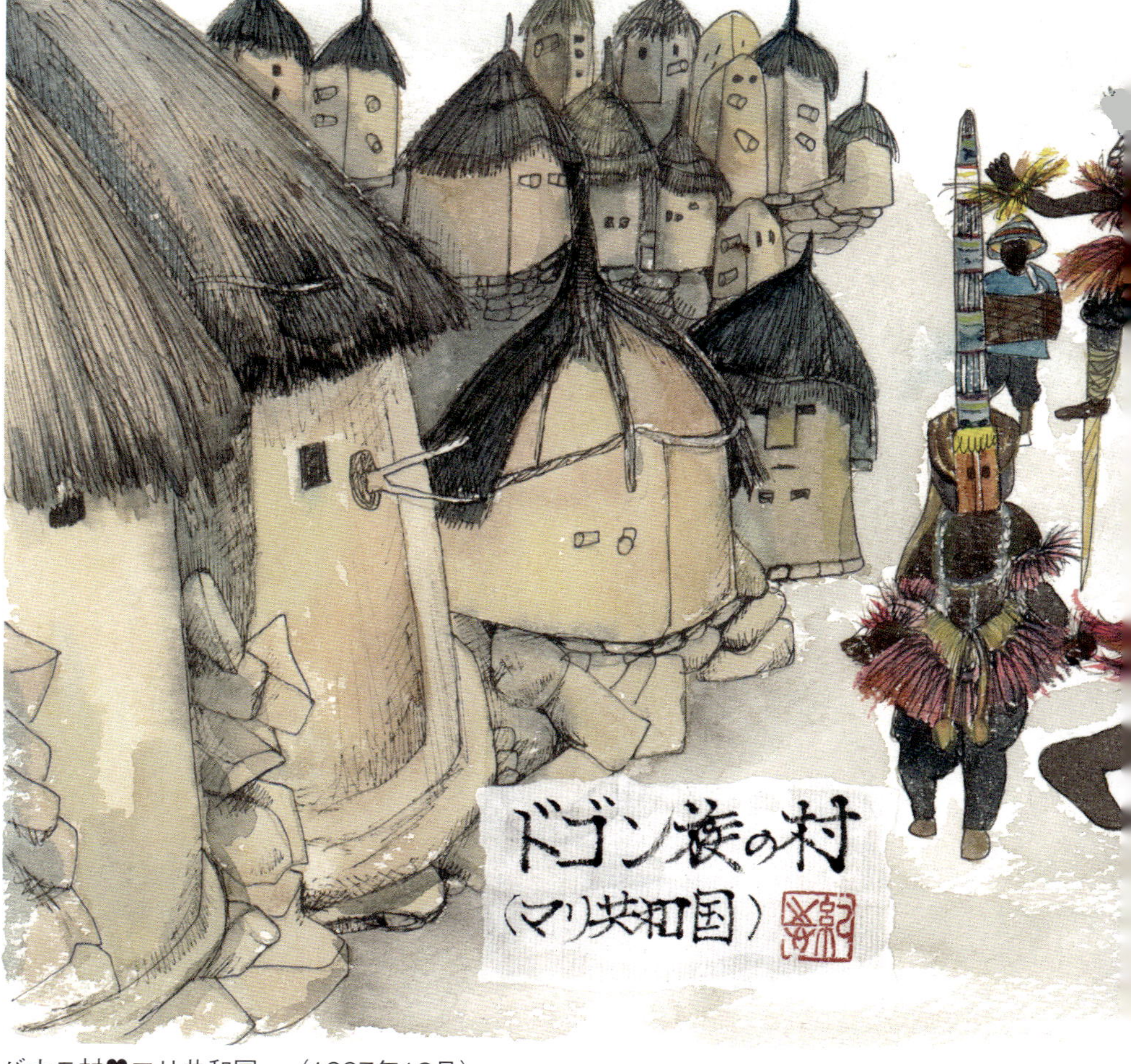

バナニ村♥マリ共和国　（1997年12月）

45 神話と遺跡と文化の十字路

メテオラ♥ギリシャ共和国

夜明けの流れ星がオリーブの葉に止まって露になった。無数の露が光るオリーブ畑の向こうに見える丘の頂きに、アクロポリス遺跡の神殿の大理石の柱が、陽光に輝きながら浮かんでいた。

アクロポリス最大のパルテノン神殿には、「翼なき勝利の女神」といわれるアテネの守護神アテナが祀《まつ》られている。古代から周辺国家との間で戦いがつづくアテネの市民が、つねに先勝を願い、勝利の女神がどこへも行けないようにと、翼を切り落としてこの神殿に祀ったのだ。

ギリシャ北部には、最高峰オリンポス山（二九一七メートル）があり、西へ山と峰が連なっている。万年雪をいただく鋭い頂上に一九一三年、初めて人が登ったといわれている。古来より神々が住む山として恐れられ、長い間人々とは隔絶されていた。自然の浸蝕でできた高さ五十メートルを超す垂直の鋭い岩に、へばりつくように修道院が建っている。修道院の建設は中世にまでさかのぼる。一四世紀、トルコの侵入によって、北ギリシャへ逃げてきた修道僧たちの避難場所としても使われた。

ギリシャ中央部のメテオラの切り立つ大岩壁の頂きに、五つの修道院がある。尼僧院もある。かつては、六百メートル近い高さにある修道院へ行くには、網袋に人を入れて上げ下ろししていた。網は網が切れるまで使用された。聖堂の壁には火を吹く聖獣《せいじゅう》や修行僧の絵が描かれ、ここの生活の厳しさをあらわしている。ちなみにメテオラとは「浮遊・空中に浮いている」という意味である。

ギリシャの人は、日本人と同じように、山や川や木に精霊が住むと考え、稲妻や木や草の葉音のなかにも、その意思が働いているととらえてきた。自分たちのまわりに多くの神が存在すると信じ、多彩なギリシャ神話を生んだ。それらの神々はそれぞれ固有の力をもち、独自の世界をつかさどってきた。万が一にも神の機嫌をそこねると、面倒なことが起きる。伝来の祭りに細心の注意を払うのもそのためだ。

美の象徴ビーナスの生地ギリシャは、地中海の文明の交差路、今も神話の生きる国である。

断崖絶壁の修道院

そびえる大岩壁の頂きに建つ修道院。観光に訪れる人たちを受け容れながら、天然の要塞のメテオラでは、今も修道士らの祈りと瞑想の日々がつづいている。柱に巻きつけたロープは網袋にいれた人を上の修道院に上げたり下ろしたりするために使われた。

メテオラ♥ギリシャ共和国　（2004年1月）

46　色あせず現存するリラの僧院のフレスコ画

ソフィア♥ブルガリア共和国

バルカン半島のほぼ中央にある高原都市ソフィアは、南・北・西を山脈にかこまれた盆地にあり、古くから交易で栄えた。

町のなかにはキリスト教会、イスラム教のモスクが建ち、東西文化が混在している。ソフィアから南へ百二十キロ、うっそうとしたリラ山の森の奥深くへ、リラ川に沿って登っていくと、ひっそりとたたずむ僧院が現れる。ブルガリア正教の総本山ともいうべき僧院で、東方正教の歴史をいちずに見守って、今日にいたっている。一〇世紀、隠《いん》遁《とん》の地として小さな寺院が建てられ、やがて中世の宗教の中心地となっていった。

往時には三百六十の房《ぼう》があり、多くの僧侶の修行の場となり、一四世紀には僧院文化の全盛を迎えた。オスマントルコ時代、宗教、文化のすべてが弾圧された時代にあっても、この僧院だけは黙認されてきたという歴史をもつ。

横縞模様が印象的な僧院の外壁面や天井には、すきまなくフレスコ画が描かれ、当時の様子が色彩豊かに表現されている。四階建ての外陣にガードされるようにかこまれた建物から見下ろす風景は、僧院の大きさ、ビザンチン様式の建築の美しさを堪能させる。僧院の庭を静かにうつむきかげんに、修行僧が時おり横切る姿が見える。

現存するリラの僧院は一八三三年の大火災でおおかたが消失したが復旧され、ロマンチックでファンタスティックな雰囲気をかもし出している。

ちなみにソフィアとはギリシャ語で「知恵」という意味で、それが町の名前の由来になっている。教会、民家、衣装に、ブルガリア独特のデザインが見られ、ヨーロッパのなかでは数少ないキリール文字を使っている。

あちらこちらの町角ではバラの香水が売られており、華やかなバラの楽園ブルガリアにあって、静寂のなかにも格式が高く、威厳をもっている。

リラの僧院

リラ山脈の森の奥深くにあるリラの僧院。正面から見ると白と黒、横から見ると赤と薄いピンクの横縞の聖堂の外壁。観光客の姿も見かけるが、時間が止まったような静寂のなかに建っている。

ソフィア♥ブルガリア共和国　（2003年10月）

47 ミャンマーの花の竪琴

イラワジ河畔♥ミャンマー連邦

紅色に染まる雲を浮かべてパゴタ（仏塔）の向こうを輝きながら流れるイラワジ河。早朝にその河畔《かはん》で、老婆とルル・モンという少女から、思いがけない素朴で神秘的なケーキをごちそうになりながら、おもしろい話を聞いた。

二人は道端で二十センチほどのすすけた土鍋《どなべ》を二つかけ、練り粉を木の実の杓子《しゃくし》で計って流し込んでつくったケーキを売っている。そのケーキの名を聞くと「サウニ・パン」だという。ミャンマー語でサウニは竪琴《たてごと》、パンは花。つまり「花の竪琴！」なのだ。

ホテルに引き返しながらはっとした。

（あれは子供のころ、山野の遊びのなかで口にしたツツジやツバキの花びら、野花の味ではないだろうか）

翌朝、またイラワジ河の岸に行ってみた。二人は昨日と同じところで、同じように微《かす》かな笑《え》みを浮かべてそこにいた。改めて、すぐ近くの山に伝えられているという話を聞いた。

　この地で五千に余るパゴタを建てたバガン王朝が栄えていた時代、とりどりの花が咲き乱れる春の山に、花だけを食べて生きていた女の妖精がいたというものだった。

「これは、その妖精が食べていたものと同じかもしれないわ」

　少女は、この国の女の子たちと同じように、両頬に木の粉の顔料を丸く塗った愛くるしい顔をいっそう笑顔でくずしながらいった。

（これは、繁栄をきわめたバガン王朝の味を伝えているのかもしれない）

　などと思いながら、私は、目の前でケーキを焼いている土鍋をゆずってもらった。

　そして家に帰ってから、庭の囲炉裏《いろり》小屋に土鍋をもち込み、メリケン粉にさまざまな花を加えて焼いてみた。でも、どれもこれもイラワジ河畔で味わった味にはほど遠い。

　そんなことをしているうちに、イラワジ河畔で会ったあの二人は、バガン王朝時代の春の山の妖精の化身《けしん》ではないかという思いがわいてきた。

サウニ・パン（花の竪琴）

早朝のイラワジ川の岸辺に、土鍋で焼くパンの匂いが漂う。托鉢の僧に供物をもってくる人たち。少しずつ人の姿が増していき、一日がはじまる。

イラワジ河畔♥ミャンマー連邦　（1996年11月）

48 遺跡群に帰依する敬虔な仏教国

シーギリアロック♥スリランカ民主社会主義共和国

光り輝く島と名づけられた「スリランカ」は、緑豊かな涙の形をした島国である。セイロン茶の産地として知られている。

古代から仏教王国として栄えたスリランカの遺跡は、歴代の仏教王朝が造り上げてきたもので、今も祈りの対象として大切に守りつがれている。アヌラーダプラ、ポロンナルワ、キャンディの三都市を結んだ三角形の内側には、大遺跡群が残り、文化三角地帯といわれる。

ダートゥセーナ王のつくった広大な貯水池カラーウェワの遺跡は壮大なものだった。ジャングルのなかに突如として姿を現すシーギリアロックの巨大な岩山。その頂きに華麗な王宮が建てられた。しかし王都として使われたのは、たった十一年間というものだった。ダートゥセーナ王には二人の王子がいた。弟に王位を奪われるのを恐れた兄のカーシャパは、父を殺し強引に王座についたが、弟の復讐《ふくしゅう》を恐れ、この岩山に張り付くように登りつめた寂しいところで孤独な生涯を送ったのだ。

岩山の中腹にはフレスコ画が描かれている。岩肌を籾殻《もみがら》やカーボナイトを混ぜた粘土で塗り固め、その上を蜂蜜の混じった石灰で上塗りした壁面に、野菜や花、葉、木汁を材料とした顔料で描いたもので、シーギリアレディといわれる妖艶な美女が静かに笑みを浮かべている。昔は五百体ほどあったともいわれるが、現在は十八体が残っている。また、この壁画には歴代王の興亡の叙事詩《じょじ》や、乙女や岩山の雄大さを称《たた》える詩が彫られている。主に七〜一一世紀の間に、シンハラ文字で彫られたものだ。シンハラ文字は町中の看板などでも見かけたが、丸みを帯びた、かたつむりが這っているような、カエルの顔のような、実にユニークな形をしている。

山にかこまれた狭い盆地に開けたキャンディの町は、スリランカ王朝の最後の都であり、スリランカ仏教の聖地だ。歴代王朝の国宝の仏陀の歯を祀る仏歯寺《ぶっしじ》がある。

人々は敬虔《けいけん》な祈りのなかで毎日をすごしている。子どもたちは屈託ない笑顔で語りかけてくれる。真っ黒な髪を束ねた女の人が時を重ねた寺院のなかで、手を合わせ祈る姿が実に美しかった。

いにしえの宮殿跡

195メートルの巨岩の上にたてられたダートゥセーナ王の宮殿の跡、水路や庭園、貯水池が残るカラーウェワ遺跡。岩山の中腹に描かれたシーギリアレディとユニークな形をしたシンハラ文字。

シーギリアロック♥スリランカ民主社会主義共和国　（2003年10月）

49 ムーア人の王と妃の物語を今に伝えて

オビドス♥ポルトガル共和国

敬虔なキリスト教徒が多いポルトガルのクリスマス・イブは、静かだった。店先に色鮮やかなデコレーションケーキが並んでいるぐらいで、ほとんどの店は戸を閉め、店の主人も客も家族でイブを迎えるために早々と帰宅を急ぐ。

コインブラの街も実に静かで、夜が更《ふ》けるにつれ、人影を見つけることはできなかった。

ポルトガル人のフィーゴは、コインブラの駅の夜の勤務についていた。乗客もほとんどいなくなった駅で、手持ち無沙汰《ぶさた》に窓口業務をしていた。声をかけると愛想よく手招きし、駅舎で妻のつくったケーキとポートワインをご馳走《ちそう》するといってくれた。クリスマス・イブを駅舎のなかで迎えるとは思ってもいなかった。フィーゴはアズレージョの絵付け作家だ。アズレージョとはポルトガル建築の特徴といえる「装飾タイル」のことで、宮殿や教会、駅舎にも施され、人々の生活に溶け込んでいる。

リスボンから北へ二時間ほど車を走らせると、中世さながらの城壁都市オビドスの町に着いた。ローマ時代に、海からの侵入を防ぐために砦《とりで》がつくられ、その後イスラム教徒やムーア人の支配を受けた。

オビドスは「ウェディング・プレゼント・タウン」ともいわれ、一二八二年にデニス王が、アラゴン（現スペイン）からイザベル王妃を迎えたときにこの村をプレゼントしたといわれている。石畳の細い道を歩くと、おとぎの国に迷い込んだようである。高さが十三メートルもある城壁のまわりにはぶどう畑が広がり、城内の家々は白い壁に温かいオレンジ色の屋根で統一されている。村の中心にあるサンタ・マリア教会は、十歳のアフォンソ五世が、わずか八歳のいとこのイザベルと結婚式を挙げた教会で、内部の壁は全面が一七世紀のアズレージョでおおわれている。

一九世紀半ばにリスボンで生まれたポルトガルの歌〝ファド〟は失った人や時、達成されなかった思いなど女性の心情を歌い、切々と哀愁が漂う。それに対し、中北部のコインブラのファドは、コインブラ大学の男子学生が女性に捧げるセレナーデで、甘く繊細。学生生活を歌った明るい曲も多く、今も学生の間に脈々と受けつがれている。

ファドが似合う町並み

石畳の道に沿ってオレンジ色の屋根の白い家が並び、中世のおとぎの国のようなオビドスの町。哀愁漂うファドを歌う女性歌手と伴奏者、黒いマント姿の学生たちが歌うのは女性に捧げるセレナーデ。ファドにはこの二つの流れがある。

オビドス♥ポルトガル共和国　（1999年12月）

50 美しいフィヨルドとバイキングのふるさと

ウルネス♥ノルウェー王国

ノルウェーは、「北への道」という意味である。

内陸部へ深く入り込んだフィヨルドの海岸線が二万キロ以上つづく。西部の海岸線沿いはフィヨルド地方と呼ばれ、水面から垂直に立つ断崖や勢いよく落ちる滝がいたるところにある。深い谷は太古の昔から氷河にけずられてできたもので、今もなお、その浸食はつづいている。

この北ヨーロッパ独特のフィヨルド地方には一一〇〇年～一三〇〇年ごろ、スターヴヒルケと呼ばれる木造教会がたくさん建てられた。なかでもソグネ・フィヨルドの最奥部にあるウルネスの木造教会は一二世紀前半に建てられた最古のもので、今もひっそりと建っている。フィヨルドをわたる強い風にも耐えられる柔軟な形をした支柱式教会で、角錐形《かくすいけい》の屋根、壁は動物のうろこのような「こけら板」でおおわれた切り妻壁、棟木《むなぎ》のてっぺんには悪魔を追い払うために龍の頭の飾りがついている。

ノルウェーは広い山地と深いフィヨルドのため、海とかかわってきた長い歴史がある。紀元前八〇〇～一〇〇〇年にかけてバイキングたちは地中海沿岸に遠征していた。彼らの美意識を見事に考えてつくられた数々の品物がバイキング博物館に展示されている。暗く長い冬の経験と陽が沈まない長い夏の太陽の喜びをもつ北欧には、昔からたくさんの神話が吟遊詩人によって語りつがれてきた。

太古から神々と生きてきたワルハラの森に住む小人と巨人の話も、土着の神の物語だ。「トロル」は、陽に当たるとたちまち石にされてしまう妖精で、「白雪姫と七人の小人」の童話のモデルになったといわれている。木の葉の間に隠れた石が、今にも動き出してきそうだった。

月、火、水、木、金、土、日の曜日は、北欧の神話の神の名がなまったものといわれている。

雪の舞うフィヨルド地方

国民的スポーツのクロスカントリースキーを楽しむ若者たちと、バイキングの建築様式でつくられた最古の木造教会。フィヨルドを臨む120メートルの崖の上に立ち、動物のうろこのような「こけら板」でおおわれた壁、角錐形の屋根など、強い風にも耐えられる柔軟な形をしている。

ウルネス♥ノルウェー王国　（2004年4月）

51 歴史に刻まれた古代遺跡の宝庫

ベガー高原♥レバノン共和国

石畳に轍《わだち》の跡がへこみ、耳を澄ませるとひづめの音が追いかけてくる気がする。

レバノンは北と東にシリア、南にイスラエル、西は地中海に面した、アラブでは唯一砂漠のない国である。西側に南北に走るレバノン山脈、東側にアンチ・レバノン山脈があり、その間に挟まれたようにベガー高原がある。

アンジャル遺跡は、ベガー高原の中央、アンチ・レバノン山脈の麓《ふもと》にある。リタニ河の豊かな泉水《せんすい》の恵みを受ける農耕の中心地であり、ダマスカスとベイルートを結ぶ隊商路の中継地として栄えた。遺跡にはウマイヤ朝につくられた宮殿や列柱が残り、当時の栄華を物語っている。様式や彫刻などがさまざまなのは、ローマ時代やビザンチン帝国などの古い時代の遺構《いこう》を受容し、基礎や建造物を再利用して精確な都市計画のもとにつくられたためである。公共浴場は古代のローマを模してつくられ、大通りに沿って商店が並び、その前にアーケードが設けられていた……想像力をわき立たせる材料に事欠かない。

さらにこの遺構の北、バールベックではフェニキア時代に人々は農耕をし、宗教に結びついた生活を送っていた。父神は天空と嵐の神、母神は水と豊穣《ほうじょう》の神。そして子なる神は、植物の霊を体現し、生まれ、死に、再生するという土着信仰であった。

ローマ帝政期最大の規模をもつバールベックも、その後の為政者《いせいしゃ》や異教徒、地震などにより、すっかりさびれてしまった。それでも巨大な列柱をはじめとする遺構は、聖域の壮麗さを実感させてくれる。

夕日に浮かび上がる長くのびた列柱通りのシルエットの先に、白い服の裾をなびかせながらラクダ引きが、石畳をのんびりと通りすぎていった。

国旗にも使われるレバノン杉は、建築材料として大変すぐれ、数多くの教会やモスクの扉にも使われ、重厚なおもむきを今日に漂わせている。

バールベック古代遺跡

ローマ帝国期最大の規模をもつ宗教遺跡。フェニキア人の神バアルが祀られていた神殿跡、大列柱通り、轍のあとが残る石畳など古代都市をしのばせる。

ベガー高原♥レバノン共和国　（1998年11月）

52 アンデス・インカ道とナスカの地上絵の謎

ナスカ♥ペルー共和国

南米ペルーの南海岸にあるナスカの台地。イカとナスカの町の間に、不毛の砂漠地帯が広がっている。

小型飛行機は、あっという間に飛び上がり右旋回、左旋回しながら、ナスカ川とインヘニオ川の間に広がる砂礫《されき》におおわれた地上高くに舞い上がった。パン・アメリカン道路が北から南へと真っすぐにのびているのが見える。

じっと目を凝らして探すと、暗赤色《あんせきしょく》の地表にわずかの切り込みを入れた段差で描かれた巨大な地上絵が次々と現れた。ハチドリ、オウム、コンドル、サル……。植物や幾何学模様のものなど、多くを数えることができる。農耕に必要な季節の変化を知るための天体暦《れき》か、宗教儀礼のためか多説があるが、いぜん謎につつまれたままである。

ナスカの文化は、緻密で技術的にも高度である。色をつけたリャマの毛に結び目をつくり、十進法で数を記録していたキープと呼ばれる縄紐の束は、さまざまな情報を伝え、専門の役人によって解読、管理されていた。

　五百年前から生活の道としてインカ人が使った古道を歩くと、今も当時の生活が実感できる。厚く重ね着をし、赤いスカートをはいた老インディオが、背中に派手な色彩の風呂敷を背負い、うつむきかげんに通りすぎていく。標高四千メートルの空気と太陽を受け、大地の神に感謝を込めて生きるインディオの穏やかな息づかいが伝わってくる。

　リマ市内には、一九六四年に開館された、古代アンデスのチャンカイ文化の遺産を収集展示している天野《あまの》博物館がある。一二世紀ごろ、リマの北約九十キロを流れるチャンカイ河の流域に栄えた文化で、出土する土器のほとんどは白地黒彩であるが、織物は高度な技術で、独特の色合い、デザインの綴《つづ》れ織《おり》などがあり、引き出し形式で鑑賞できる。

　文化に酔いしれて館外に出ると前庭の池に薄ピンクの睡蓮《すいれん》の花が一輪、微風に吹かれ、ゆれていた。

ナスカの地上絵
ペルー南部とアンデス山脈に挟まれた砂漠地帯に描かれた、コンドル、ヘビ、トカゲ、モンキー、幾何学模様などの地上絵と、南米原産のアンデスレッドという赤い果肉をしたジャガイモを収穫する女性たち。

ナスカ♥ペルー共和国　（1998年3月）

53 多民族が伝統を守って暮らす熱帯雨林の国

セントーザ島♥シンガポール共和国

赤道直下の熱帯の花の彩りが美しい。

シンガポールは、マレー半島の南端にある、世界で三番目に小さい島国で、熱帯性の気候の豊かな自然を残している。

戦争や植民地支配などがくり返され、中国系、インド系、アラブ系など多民族国家となり、民族の数だけ伝統や祭りなどの行事があるといわれる。新旧、東と西が混ざり合い、百年以上も前の中国の伝統的な家屋が近代的な建物と調和しており、中国の陰陽《いんよう》五行思想がうまく取り入れられている。

町を歩くとチャイナタウンの雰囲気が感じられているといわれていたが、昨今はどこまでも広がる南国の空のもとで、高度な都市開発が進み「ガーデン・シティ」と呼ばれるほど景観が大きく変貌している。しかし、町は活気にあふれ、屋台街で外食をすませる人も多い。中華料理、マレー料理、インド料理などさまざまな店があり、家族連れも見受けられる。町並みも高層住宅に建て替えられていくが、どの窓からも洗濯物が干される光景はここならではのもの。

シンガポールのシンボルであるマーライオンは、上半身がライオン（シンガはサンスクリット語でライオン）、下半身は魚で港町シンガポールを象徴している。夕方涼しくなってからセントーザ島で見た光と噴水の大スペクタルは見事だった。島の中央にあるマーライオンタワーは三十七メートルもあり、夜はライトアップされてマーライオンの体が七変化する。

シンガポールは数百年もの熱帯雨林の国だ。今も北部、中部には熱帯の木々が茂る。ランやブーゲンビリアが街灯にまでからまり、道端で咲き誇っている。原生林を残したジャングルは、深い緑につつまれている。ココナッツ、マンゴー、パパイア、ロンカン、ランブータン、マンゴスチン、ドリアン、ジャンクフルーツなど、豊富な南国の果物のトロピカルな香りと味が満喫できる。

マーライオン
水を吹き出しているマリーナベイ地区のマーライオンと、植物園で風にゆらいでいたハンカチノキの白い蕾。1859年に開園した熱帯植物の原生林である植物園の池には、さまざまな鳥が集まってくる。

セントーザ島♥シンガポール共和国　（2004年1月）

54 奇抜な泥の大モスク前で開かれる月曜市

ジェンネ♥マリ共和国

ジェンネの町の月曜市に、着飾った女性たちが遠いところから集まってくる。静かな町に活気が溢れる日だ。カラフルな色や模様の民族衣装とターバンが、黒い皮膚《ひふ》を引き立てステキだ。大きな器を頭にのせ、驚くほど上手にバランスをとりながら、両手に荷物を抱えて行き来している。市には自慢の品々をもち寄り、正午になるとあちらこちらで売り手と買い手の交渉がはじまる。大モスクの前の広場は色彩豊かな日用品、衣料、食糧品などがたくさん並び、交流の場に変わる。木の実の種を砕いて練ったスンバラという調味料が市場のいたるところに並んでいた。味噌のような香りがする。粉末にしてお米と一緒に炊き込むと黄色に染まり、塩味がほどよくつく。

ジェンネはニジェール川と支流バニ川に挟まれた内陸デルタ地帯につくられた町で、「水の精霊」という意味がある。船着場から丸木舟でさかのぼり、そこからラクダでサハラ砂漠を移動するのが唯一の交通手段である。町の手前にあるボソの集落遺跡ジェンネ・ジェノが、現在のジェンネの源といわれ、紀元前三五〇～八〇〇年ごろの集落の跡からは、鉄製の釣り針や腕輪、装飾の施された陶器が発掘されている。

一四世紀マリ王国の九代目の王、マンサ・ムーア大王の時代に交易の地として栄えたところでもある。マリ帝国最盛期の王カム・ムーサは金粉入りの袋八十個と六万人のともを連れ、三千八百キロ離れたメッカに巡礼の旅をして、二万枚の金貨を寄付し、アフリカ、アラブ中を震撼させた。マリ帝国興隆の基礎はこの地に産する金と岩塩、奴隷であった。その後、アラブやヨーロッパ人に侵略されても、品のない轟音《ごうおん》をたてて遠くから人畜を殺戮《さつりく》する銃器や近代用具を軽蔑し、家畜とともにどんな旱魃《かんばつ》や飢え、苦境にも耐えて誇りを失わなかったという。

マリの民族はトゥアレグ族やバンバラ族、ムーア族、フラニ族、マリンケ族など多様で、民族集団にはそれぞれ独自の言語をもっているが、普段はフランス語とアラビア語を話し、ほとんどがイスラム教徒である。

大きな木の下では、赤ん坊を背負った女性が、杵《きね》と臼《うす》を使って脱穀作業をしていた。

マリの民族

1895年に建てられた奇抜な形をした泥のモスクと、月曜市に自慢の品をもち寄り、モスクの前の広場に集まってきた女性たち。カラフルな色や模様の民族衣装、ターバンが月曜市をいっそうと華やかにしている。

ジェンネ♥マリ共和国　（1997年10月）

55 『赤毛のアン』のふるさと

プリンスエドワード島♥カナダ

「……世界で一番きれいなところだってきいていたわ……」

人々が「セントローレンスの庭園」「百万エーカーの農場」などと呼ぶプリンスエドワード島は、カナダの東海岸にあるセントローレンス湾に浮かぶ、五千六百七十平方キロの島である。愛媛県とほぼ同じ広さである。

『グリーンゲーブルスのアン』（日本題＝赤毛のアン）の作者ルーシー・モード・モンゴメリーは一八七四年十一月に、ここプリンスエドワード島で生まれた。

海の近くに水をたたえた沼があり、空と海の青さのなかを二酸化炭素を含んだ赤い道が上がったり下がったりしながらつづいている。

カナダの広大な雰囲気とは違い、木々や畑や牧草地などのさまざまな彩りの緑に富み、花や草花が実に生き生きと描写されている「赤毛のアン」のふるさとである。

モンゴメリーの感性に大きな影響を与えた島の自然、孤独な幼少期に出会った人々との心のふれあい、文学の才能の開花はこうした恵みを全身に受け止めていったことによるのだろう。モンゴメリーは心豊かに、まわりの人々を楽しくさせてしまうやさしさに溢れ、失敗を恐れず、ユーモアを失わず、世間のいろんなことに毒されずユニークな人生を切り開き、つねに夢と希望をもって真剣に人生を生き抜いた。

島内には六十以上の異なった民族が生活している。原住民ミクマ族インディアン、アカディア人、イングランド、スコットランド、アイルランドからの移民などが村をつくり、植民地としての発展をとげた。

一八六四年、カナダ（現オンタリオ州）とローワーカナダ（現ケベック州）、プリンスエドワード島の代表がシャーロック・タウンで新しい連邦を結成するために集まり、三年後の一八六七年に国家としてのカナダが誕生した。人々はここを「カナダ連邦の誕生の地」と呼ぶ。

この島は全島、赤い土と砂岩でできている。

この島で見たタンポポ、花言葉は踏まれるほど強くなる……父の日のカードによく似合う。

赤毛のアンに思いを馳せて

プリンスエドワード島のグリーンゲイブルスハウス。緑の絨毯のなかに見える切妻屋根の家のまわりには、咲き誇る百花繚乱の花の香りが風に乗って運ばれてくる。

プリンスエドワード島♥カナダ　（2004年4月）

56 シルクロードの要衝バクー旧市街

バクー♥アゼルバイジャン共和国

ペルシャ語で「風の町」というように、バクーはカスピ海から吹きつける風が強い。波頭が近くのオープンカフェのテントにまで霧になって降りそそぐ。

カスピ海に突き出したアブシェロン半島の南に位置するバクーは、人口百六十万人のコーカサスでもっとも大きな町である。大統領府、殉教者の小道、ドームのようなモニュメント、モスクなどが見わたせるこの町の高台から、カスピ海が一望できる。

満月が波面に影を映し、夜のとばりが漂いはじめた八時をすぎたころだろう、旧市街にあるキャラバンサライ（隊商宿）を改修したレストランでは、民族料理を前に、民族音楽ムガームが流れ、独特な雰囲気をかもし出していた。

一九世紀後半から油田の開発が進められ、カスピ海で採掘される石油によって発展してきたバクーの道端では、櫓《やぐら》がのんびりとまわり、脈々と石油をくみ上げている。

ここはまた、シルクロードの中継点として隊商が行き交ったところである。三重の城壁にかこまれた旧市街には、いくつかの入り口がある。東西の交流が行われた当時、隊商や旅人はどちらに行くにもシュマハ門をくぐらなければならなかった。

一四、五世紀に建てられた丸屋根のモスクやジワン・ハーンと呼ばれる議場、王族の霊廟《れいびょう》、聖者廟や浴場など多くの建物が組み合わされて宮殿を形づくり、全般的に壁画もモザイクもないシンプルな土色であるが、幾何学的な文様は、イスラムの雰囲気を漂わせていた。

海際《うみぎわ》に高さ二十八メートルの厚い石壁につつまれた要塞のような「乙女の望楼《ぼうろう》」がある。モンゴル王の父に言い寄られた娘が嘆き、この塔からカスピ海に身を投げたという。

バクーは二千五百〜三千年もの昔から豊かな言語文化をもち、多くのすぐれた詩人を輩出してきた。町のいたるところに建つ偉大な詩人のモニュメントは、何かを語りかけてくるようだった。

バクーから南へ八十キロの田舎町ナフサラには、日本から贈られた桜の苗木が元気に根を張っていた。

キャラバンサライ

シルクロードを行き来する隊商たちの宿キャラバンサライは、中庭をかこむように小部屋が並んでいる。各部屋には近隣諸国の名がつけられている。今はレストランとしてつかわれ、夜になると伝統音楽のムガームが演奏されている。

バクー♥アゼルバイジャン共和国　（2007年4月）

57 サバンナに生きる動物

アンボセリ♥ケニア共和国

アンボセリ国立公園の朝は早い。

空が白みはじめたころ、するどい眼光が草の茂みのなかに見える。

そこには昨夜、ライオンに襲われ、息絶えたバッファローが横たわっていた。

気配を察したハゲタカが、夜の明けた上空をぐるぐると旋回をはじめ、群がりむしゃぶりついた。

眼を凝らして遠くを見ると、シルエットが微かに動く。アカシアの茂みでキリンが若芽を食《は》んでいる。

生と死が切迫した光景は、サバンナの日常である。

「ライオンがやってくる」

声と同時に車は急停止し、五十センチぐらいバックした。サファリのドライバーは、動物の習性に精通していて、動物の気配も小さな動きも見逃さない。

一直線にやってくる雄ライオン。車の横を何事もなかったように悠然と通りすぎていった。身を乗り出して眺めていたが、間近に迫るライオンに、思わず車のなかに身をすくめてしまった。気球で上からサバンナを見ることもできるが、同じ大地に足をつけ、同じ高さで目線を合わせて動物に遭遇する迫力はすごい。

アフリカ最高峰のキリマンジャロの山麓《さんろく》に広がる原野アンボセリは、ヘミングウェイが「キリマンジャロの雪」を執筆したところとして知られている。

首都ナイロビは、マサイ語の冷たい水「エンカレ・ナイロビ」にちなんでつけられた。赤道から約百四十キロ南に位置する。

弱肉強食の世界では水辺に集まる動物たちは、いつも耳をそばだて警戒に怠りがない。マサイキリン、イボイノシシ、アフリカ水牛、カバ、ヒョウ、チーター、黒サイ、ガゼル、シマウマ、ヌー、ハイエナ、インパラなど、それぞれ草原で、樹上で水中で、大自然とともに生きている。ほろほろ鳥の愛くるしく歩く姿や、冠《かんむり》ヅルの飾りが草原をわたる風にゆれ、息づまるような厳しさをしばし忘れさせてくれた。

夕陽はあたりを真っ赤に染め、母親にぴったりと寄り添う子象を連れて移動していく象の群れを　いつまでも照らしていた。

アンボセリ国立公園

万年雪のアフリカ最高峰のキリマンジャロと、その麓に広がるアンボセリの原野。木立のなかの赤い布をまとうマサイ族の男たちは、「勇者の棒」を使ってライオンと闘い、はじめて大人として認められる。

アンセボリ♥ケニア共和国　（2003年1月）

58 歴史に翻弄されたアルバニア人のまなざし

コルチャ♥アルバニア共和国

秋の夕陽が、並木のシルエットを長くのばしている。黄色に染まった木々、散り敷く黄金色のイチョウの葉……。

道路に備えつけられたままになったトーチカは、エンヴェル・ホッジャ大統領が祖国防衛のためにつくらせたものだ。数千のコンクリート製のトーチカが、千二百キロにもおよぶ道に設置されたまま残っている。背をかがめてもぐり込み、銃眼《じゅうがん》の小さなすきまから敵の侵攻をくい止めるために、ねらいを定めたのだ。紅葉の美しい山あいののどかさと、トーチカとの相反する風景は、理解しがたいものであった。

アルバニアは東ヨーロッパ南部のバルカン半島にあり、北にモンテネグロ、南にギリシャ、東にマケドニア共和国とコソボ、西はアドリア海に面している。

バルカン半島の歴史はギリシャ、ローマ帝国、ビザンチン帝国、オスマン帝国と次々に支配され、たえまない外部勢力の侵入との抵抗のくり返しであった。

アルバニアは、つい最近まで隣国との関係が悪く、交流を閉ざしていたためにベールにつつまれた国であった。しかし、さまざまな政策のなかにあっても、国民は独自の文化を守ってきた。

現在のアルバニア国旗の「赤地に黒の双頭《そうとう》のワシ」のデザインは、スカンデルベグの象徴だ。スカンデルベクとはオスマン帝国に抵抗した中世アルバニアの民族的英雄である。古い伝統によると、最初のアルバニア人たちは、ワシの子であったという。

岩だらけの山あいのコルチャの町で老人に会った。家に招き入れ、濃くて甘いコーヒーを出してくれた。優しいまなざしをしていた。話は途切れなくつづき、老人は別れ際に、谷川にいたイモリを捕え、「わたしを忘れないで……」と差し出した。私はさわることもできず断ったが、背中の強烈な色彩の模様は、今もはっきりと覚えている。

古代オスマントルコの時代につくられたレクシド城壁は、石を積み上げた堅牢な要塞であった。今はレストランとして使われている。

六十キロ先に、ギリシャとの国境の灯《あか》りがぼんやりと見えた。

レクシド城塞

オスマントルコの時代に造られたレクシド城。現在はレストランとして使われている城から見おろすと、黄金色のイチョウ並木の道に、設置されたままに残るコンクリート製のトーチカが並んでいた。

コルチャ♥アルバニア共和国　（2003年11月）

59 牧畜と変化に富む自然につつまれた国

ロトルア♥ニュージーランド

朝靄《あさもや》がたち込めている。

山麓に広がる草原では、すでに羊たちが動きはじめていた。

一点の光が一条の線となり、まわりをつつみ込んで耀《かがや》きを増しながら朝焼けとなる。

森と湖、高山と渓谷、氷河とフィヨルドと変化に富んだ自然の豊かな国である。

北島にあるロトルアの間欠泉《かんけつせん》は、地中のマグマが煮えたぎって、いたるところで数十メートルも吹き上がる。沸騰《ふっとう》する熱泥《ねつでい》、蒸気の湧出口《ゆうしゅつぐち》と地熱活動のすごみを感じる。

南太平洋の島からやってきたといわれる先住民マオリの伝統の彫刻が柵や門に施されている。「マオリ」とは、ポリネシア語で、原住民と呼んでもいいほど遠い昔にこの島に住みついたポリネシア人である。

一〇世紀の半ば、ポリネシアからの航海中、伝説の人「マウイ」が、自分の血を餌《えさ》に釣った魚が南島になり、乗っていたカヌーが北島になったともいい伝えられている。彼らの生活とともに、神話や伝説が語りつがれてきた。

マオリの生活を規制したのは「タブ」という掟である。厳しい掟に支配されながらも「パ」（集落）のなかでさまざまな楽しみを見い出した。男子には顔、腿《もも》、臀部《でんぶ》に線や渦巻き、女性には唇と顎《あご》にだけ入れ墨の模様を彫る習慣があった。

男たちは優秀な漁師、勇敢な兵士であり、外部の干渉に立ち向かった。戦いに出かける前に兵士の踊る「ハカ」は勇ましい戦闘舞踊としてよく知られている。

北島ワイカト地方にあるワイトモ・ケーブといわれる石灰岩が浸食されてできた洞窟には、多くの鍾乳石や石筍《せきじゅん》がある。真っ暗な洞窟のなかで、「地蛍《つちぼたる》」が幻想的な青白い光を発していて神秘的であったが、洞窟の天井、壁面にびっしりと張りつきキラキラと光を放っているさまは異様でもあった。

天井にわたしたロープをたぐり、ボートが水面を滑るようにめぐるのは趣向がある。

ロトルアの間欠泉

一日に20〜30回、地上に噴き上げる間欠泉。ちょろちょろと噴き出しはじめ、だんだん勢いよくなり、熱風とともに熱湯があたりに飛び散る。一度噴水すると一時間くらいつづく。硫黄濃度の高い温泉のため地表は黄色く変色し、周辺には煮えたぎる泥の沼などがある。

ロトルア♥ニュージーランド　(2002年5月)

60 こつぜんと消えてしまった幻の西夏王国

内モンゴル自治区カラホト♥中華人民共和国

黒水城《カラホト》が紅に燃え上がり、落日の光につつまれていく。たそがれる大気に、遺跡はシルエットを残し、微かな光のなかにすい込まれていくようであった。茜色に染まった雲が紫色に変わり暮れなずむ。

西夏《せいか》王国はシルクロード全盛時の一〇三八年、チベット系タングート族が建国したもので、チンギスハーン率いるモンゴル軍の攻撃を受けて滅亡するまでの百八十九年間、十代にわたって独自の文化を開花させた。

カラホトとは、モンゴル語で「カラ」は黒い、「ホト」は都市である。カラホトと名づけられた西夏国の都城遺跡は、周囲二キロ、高さ九メートルの城壁が残り、城内には陶片が散乱していた。この遺跡から、仏像、仏画、貨幣、そして不可解な文字で書かれた書物などが発掘採取され、西夏の研究だけでなく、西夏文字研究に大きな成果をもたらした。

発見された六千字の西夏文字は、麗江のトンパ文字の象形文字とちがい、独特の発想によって形成されている。漢字に似ているが、タングート独自の文化のためにつくられたもので、偏《へん》や旁《つくり》、冠《かんむり》で構成されている。西夏文字は判明しないものが数多く、徐々に解明されつつある。

出土した経典の西夏文字は、サンスクリット、チベット、ウイグル、モンゴル、漢と並ぶ六種類の文字の一つとして後年、使われつづけた。しかし、ロシア人の考古学者によって二〇世紀に発見されるまで、西夏王国は荒廃し、砂漠に埋もれた幻の城郭《じょうかく》都市であった。

広大なゴビ砂漠のなかのオアシスの町エチナ。そこは碧《みどり》豊かな大地であった。エチナ川沿いに、樹齢千年を超える胡楊樹《こようじゅ》の大木が林立し、黄金色に色づいた葉をそよがせている。水脈をはずれたところは、一四世紀ごろから砂漠化が進んだ。居延海《きょえんかい》には、立ち枯れた胡楊の大木が怪しい形で突っ立っている。

目も開けられないほどの砂嵐が去ると、遠くに蜃《しん》気《き》楼《ろう》がいくつも重なるようにゆらいで見えた。

西夏王国

夕陽に赤く染まるカラホト遺跡。200年近くつづいた西夏王国が滅んだあとも残っていた黒水城。しかしこつぜんと砂のなかに埋もれてしまったと人々の間で語りつがれてきた。20世紀になって発掘された遺跡から、西夏王国の文化、歴史を明らかにする数多くの遺物が見つかった。

内モンゴル自治区カラホト♥中華人民共和国　（2007年9月）

61 サンタクロースのふるさと

トゥルク♥フィンランド共和国

「ムーミンに会えるかしら」と尋ねると、フィンランド航空のキャビンアテンダントは「もちろん会えますわよ」と答えてくれた。

フィンランドは、作曲家のジャン・シベリウスやムーミンの作者トーベ・ヤンソンが生まれた国である。

スウェーデンから二千六百年にも及ぶ支配を受け、その後ロシア語の強制まで受けたロシア帝国の支配、独立宣言がなされたのは一九一七年のことだった。フィンランド語を公《おおやけ》に使うこともできなかった国民の精神的なよりどころとして「カイワラ」は口承歌謡物語として語りつがれてきた。カイワラの意味は「英雄の地」。フィンランド語文学のなかでもっとも重要なものとされる、国民的勇者の冒険譚《たん》、民族叙事詩である。

フィンランド人は、都会に住んでいても、自然とのふれ合いを忘れていない。休日ともなれば、海かと思うほど広い湖や神秘的な森の風景のなかに出かけて行く。

もう一つ、フィンランドはサンタクロースの国として知られている。ローマ帝国時代に聖ニコラスが皇帝の命を受け、数カ月の航海ののち、フィンランドのトゥルクにたどり着いた。トゥルク城の精霊は、不思議なことを起こす力をもつ友人のオールドマン・クリスマスに引き合わせ、「クリスマス」とは真冬のご馳走のしきたりの意味であると伝えた。北極圏に帰ったオールドマン・クリスマスは、名前をサンタクロースと変え、ニコラスとの誓いを守って、世界の人々に平和・善意・喜び・幸せをもたらす仕事をしている。しかし、ローマではキリストの誕生を祝う日となった。

一九二九年、フィンランドはサンタクロースのふるさととして名乗りをあげた。サンタ中央郵便局にオフィスができ、世界中の子どもたちからの手紙に応じている。当初、サンタクロースの衣裳はグレーであったが、一九五〇年代に赤い服に変わった。

白いひげをたくわえ、背の高い太っちょの体のサンタクロースの最大の仕事は、クリスマス・イブの夕方にプレゼントを配ることだ。二十五日朝六時、近くの教会のミサに行き、静かに一日を家族とすごす。二十六日に親戚の家を訪ね、お祝いをしたり、お墓に参ったりと、日本のお盆の行事のようにも見えた。

森の散歩

フィンランドの最北のサーリセルカにある湖畔の町シーダで見た、天空に大きな波が襲ってくるように舞い踊る神秘的なオーロラと、聖ニコラスが数カ月の航海ののちにたどり着いたトゥルクの森。トゥルク城に住む精霊の友人であるオールドマン・クリスマスに出会い、サンタクロースが誕生した。

トゥルク♥フィンランド共和国　（2000年4月）

62 中世の面影を残す街プラハ

チェスキー・クルムロフ♥チェコ共和国

燃える夕陽に影を落とすプラハ城。刻々と変化するシルエット。

全長五百十メートルのカレル橋の両欄干《らんかん》には三十の聖人像が並び、昼夜を問わずにぎわい、華やかな中世の雰囲気にのみ込まれる。

プラハの旧市街にある時計塔は、九時から二十一時まで、毎正時に仕掛け時計が動く。二つの天文時計で、上部は地球を中心に惑星がまわる「天動説」、下部は十二の星座。ニワトリが羽ばたきをするのを合図に、キリストの十二使徒が二手にわかれ、全員顔を出すと窓は閉じる、わずか三十秒のことである。

スメタナの交響詩「わが祖国」は、ボヘミアの森からわき出した清水に源を発し、オーストリアとの国境近くを東南に流れてきたヴォルダウ川がくねくねと曲がりくねりながら北上し、やがて大河となって、うねうねと流れていくさまを表現している。

ヴォルダウ川は、ボヘミア北部でエルベ川に合流し、そのままドイツに入ってドレスデン、ハンブルグを経て、北海へと流れている。

一六世紀末、ハプスブルゲ家の王ルドルフ二世によりプラハがふたたび帝都となり、科学や芸術に関心をもつ王を慕い、ヨーロッパから多くの知識人がやってきて活躍した。ボヘミア音楽、文学、美術、建築、映像、食文化と多彩な芸術の都といわれるようになった。

チェコは、ヨーロッパの中央にあり、何世紀もの間、いくつもの大きな戦争に巻き込まれながらも、歴史的な景観を今日まで保ってきた。

チェスキー・クルムロフの町を、川がぐるりと取り囲んでいる。「クルム」とは、ドイツ語で「曲がる」という意である。S字の内側の町の対岸に、プラハ城に次いでチェコで二番目に大きいチェスキー・クルムロフ城が、そびえる岩山の上にあった。

町なかのみやげもの店の軒端《のきば》で、愛くるしい表情のガラス製の「こうのとり」が風にそよいだ。澄んだ風鈴の音が、鳥のささやきかと思わず聞き入ってしまった。

チェスキー・クルムロフ

中世の面影を残すチェスキー・クルムロフ。大きく屈曲して流れるヴァルタヴァ川に沿うボヘミア州の小さな町。旧市街には石畳の細い路地が入り組み、チェコで一番美しい町といわれる。

チェスキー・クルムロフ♥チェコ共和国　（1997年10月）

63 肥沃なデルタ地帯に広がる茶畑

シレット♥バングラデシュ人民共和国

ゆったりと流れる水。バングラデシュは水源に恵まれた肥沃《ひよく》なデルタ地帯である。雨季、乾季のある熱帯性気候で六～十月にかけモンスーンが襲来し、毎年大きな被害に悩まされている。北海道の二倍ほどの土地に、人口一億二千九百二十五万人。国旗は緑地に赤い丸、デザインは日本と同じである。ベンガル語が公用語としてつかわれ、これを母国語とするベンガル人が九九パーセント占めている。宗教はイスラムが多数であるが、ほかにヒンドゥーや仏教徒もいる。

首都ダッカから北東に二百キロほどのところに、シレットの村はあった。どこまでも茶畑がつづく、のどかな風景が目に飛び込んでくる。自然の緑に恵まれた環境のなかで、女性たちが茶摘みをしている。乾季を除く九カ月間、毎日二十キロ以上の紅茶の葉を摘むという。子どもたちが体に似合わないほどの大きな袋に、摘んだ茶葉を入れて運んでいる姿はいたいけなかった。

乾季になると、収穫を祝うお祭りや行事が各地で開かれる。日が暮れてからの涼しい時間を中心に、朝方までつづくのだ。

「ダンス」には地域色豊かな民族音楽に合わせて踊るバングラダンスと、インド古典舞踊の流れをくんだものがある。どちらも宗教性にとらわれず、テクニックを駆使したすばらしいものだった。伴奏にも使われたリードオルガン、瓜で作られた弦楽器「エッタラ」、四本から六本の弦をもつ「ドウタラ」、打楽器、シンバル、竹笛等の楽器は、いずれも小さな楽器だが、バラエティ豊かな音の世界に引き込んでいく。

町なかは飾りつけられたリキシャであふれていた。店先の「ノクシカンタ」という手刺繍布は、使い古して柔らかくなったサリーなどの薄い木綿布を四、五枚重ねて布を丈夫にして、さらにつかったものであったが、今では民芸芸術品として生まれ変わっていた。

紅茶

アッサム州に広がる丘陵地帯で盛んに行われるようになった茶の栽培。2000年に誕生した茶園で働く女性たちと子ども。右下は黄色いサリーの婦人がノクシカンタをつくっている様子。

シレット♥バングラデシュ人民共和国　（2013年3月）

64 ティムール帝国の青い都サマルカンド

サマルカンド♥ウズベキスタン共和国

サマルカンド・ブルーといわれるトルコ石色の青いドームが、朝日を受けて輝き出す。アミール・ティムールをはじめ息子、孫たちティムール一族が眠るグリ・アミール廟。イスラムのタブーを破って、メドレセ（神学校）には動物や顔がモザイクで描かれている。黄金がまばゆい。

ゾクド人は、商才と工芸技術に長じ、数世紀にわたってサマルカンドを築き上げてきたが、モンゴル軍によって町の四分の三が破壊された。

しかし、ティムールは各地から連れ帰った職人や建築家によって、青空に映《は》える青のドームやメドレセやミナレット（塔）などの建造物の建ち並ぶ都をつくり上げた。

中央アジア建築の特徴であるレンガを組み合わせた模様のサーマーニ廟は、二千五百年の歴史を伝える中央アジア最古のイスラム建築である。色タイルが使われはじめたのは一二世紀ぐらいからだ。

旧市街では、チャイハナ（喫茶店のようなもの）でお茶を飲みながら、白いあごひげの老人たちがのんびりとおしゃべりし、情報交換をしている。クイナクを着た女性たちが街中を歩いている。ワンピースとズボンのセットで、ハーン・アトラスといわれる模様は赤・黄・青・緑など鮮やかな色で織られた矢絣《やがすり》である。

昔、バザールに出かけたハーンが美しい娘を見つけ、お城に連れて帰ってしまった。その娘の父は織工であった。王から「この世にないような美しい布を織ったら娘を返す」といわれ、川波が夕日にキラキラ映える情景を織り込んだ。王はその美しさをほめ、娘を第一夫人にしたことから今でも幸せになれるようにと、この布でつくったクイナクを着るようになった。

ハッキム・アル・テルメズ廟から、アムダリア河とアフガニスタンが見わたせる。河岸には人影もなく、廟のある高台から河を見おろしていた。カメラを向けてもいないのに、国境兵がこちらに銃口を向けてかまえた。

夕陽があたりを染め一日の終わりを告げて、夜のとばりに沈んでいった。

サマルカンド・ブルー

深い青の色合いの三つのメドレセ、青く輝くドーム、そして抜けるような青空。「青の都」「イスラム世界の宝石」「東方の真珠」といわれるサマルカンドのレギスタン広場と、街角で見かけたハーン・アトラス柄のクイナクを着た女性や談話する男性たち。

サマルカンド♥ウズベキスタン共和国　（1994年8月）

65 世界一の迷宮都市フェズ

カスバ街道♥モロッコ王国

果てしなくつづく砂丘のうねり．満点に散らばる星と砂のつぶ。

砂漠の向こうに一条の光が走ると、静寂は破れ、徐々に黄色味をおびた陽の光が砂丘を染めていく。砂の上を小動物のシルエットが横切っていった。ここは南部モロッコのメルズーガの大砂丘だ。

フランスとアフリカ、トゥールーズ間の定期郵便輸送の飛行士であったアントワーヌ・ド・サン＝テグジュペリは、何度も不時着した。給油地キャンプ・ジュピーでの生活でも、海と空を眺め、ときどきやってくるキツネや現地原住民の来襲だけの毎日であった。こうした自然との出合いのなかで、詩情豊かな「星の王子さま」を書き上げたのではないかという思いが、現実のものとなって伝わってくる。

昔、カスバ街道は、アフリカとアトラス山脈の北側を結ぶ重要な通商路であった。カスバとは要塞。商隊がラクダとともに泊まるところであった。日中の灼熱の太陽を遮断するために、厚い壁で仕切られ、わずかに中庭に明かりとりの吹き抜けがつくられているせいか、部屋は涼しい。トドラ谷のオアシスは砂漠に住む人々にとって貴重なものだ。地下水脈を見事に利用し、一滴の水も無駄にしない日常を垣間見た。

モロッコの最初のイスラム王朝の都であったフェズの旧市街は「世界一の迷宮都市」といわれるだけあって、複雑な迷路の町であった。上ったり下ったりと起伏がつづく。今でも輸送手段は、ロバや馬の力を借りている。千年以上も前につくられた城壁にかこまれた建物のなかで、生活は脈々と営まれている。一人歩くのがやっとの露地は、網目状にのび、間口の狭いスーク（市場、マーケット）の店は天井から床まで、商品をところ狭しと並べている。

色あせたモスクの塔からは、祈りを呼びかけるアザーンがイスラム暦に合わせ一日に何度も響いてくる。

女性のターバンと民族衣装が、色とりどりで美しい。

要塞を意味する「カスバ」

ワルザザードの西にあるカスバの町の人たちと街道の店。独特な音色の民族楽器、店に並ぶさまざまな不思議なもの、丘の斜面を利用し立体的に造られた日干しレンガ造りの古いクサールや巡らされた高い城壁が独特の空間をつくっていた。

カスバ街道♥モロッコ王国　（2008年2月）

66 城壁に囲まれたのどかな里

雲南省大理市♥中華人民共和国

大理の山や雄大な自然にかこまれて、崇聖寺が湖面に美しい姿を映している。

七世紀半ば、六つの部族が覇権《はけん》を争いイ族（彝族）が勢力を拡大、他の部族を統一して南詔国を建立した。唐の玄宗皇帝の支援を受け、南詔の王は「雲南王」の称号を与えられるほどであった。政権は約三十年ほどで入れ替わり、九三七年、ペー族（白族）の段思平が大理国を建国した。三百十年間、大理古城は雲南の中心地として、仏教をあつく信仰し平和な時代がつづいたが、一二五三年、元のフビライの襲撃を受け滅亡した。大理の城を明けわたすとき、「殺戮を禁ず」と書いた旗をかかげ、町の平和を約束させた話は、のちのちまで語りつがれている。

大理盆地にペー族の村の周城がある。族の名があらわすように、ペー族は、白を貴い色とし、建物は白壁が多く、女性の民族衣裳も白が基調となっている。頭のかぶり物にはきれいな刺繍が施され、片方に白い紐の束が垂れさがっている。その長い紐の束にふれることはプロポーズを意味するのだそうだ。また、同じ苗字《みょうじ》の人とは結婚しないといわれている。

また、ペー族には「三道茶」を振る舞うという習慣がある。最初は茶葉を黄色くなるまであぶり、熱湯を注いだ苦味の強い炙茶《あぶりちゃ》、二杯目は薄めてクルミ、黒砂糖を入れた甜《てん》茶《ちゃ》、最後は生姜や山椒などが入った独特の風味の回味茶《フェイウェイ》が出される。

この村では藍染めが盛んに行われている。中庭が作業場で、三方を建物が取りかこんでいる。一方は壁になっている三方一照壁というつくりである。この壁が太陽の光を反射し、庭はとても明るかった。

長老に招かれた。村の入り口で鉦《しょう》・太鼓を打ち鳴らして客を迎え、道々歓迎の酒を振る舞いながら、方形の広場の大きなガジュマロの木のまわりに集まってきた。

男たちは楽器を奏で、女性たちの踊りの輪がみるみるうちに増えていった。

ペー族

ペー族の住居と藍染めをするペー族の女性たち。白壁と青瓦の古いペー族の町には、三方一照壁や四合五天井といわれる伝統的な住居が並ぶ。中庭で藍染めの作業する女性たちの白い飾りのついたかぶり物もペー族特有のもの。大理はペー族自治区である。

雲南省大理市♥中華人民共和国　（2001年10月）

67 温和な雰囲気を漂わせる教会の町

トゥラカイ♥リトアニア共和国

モミの木がつづく。土の香り、そよぐ葉の息吹き、小鳥のさえずりを聞きながら森を抜け、ニャムナス川とネリス川の合流するあたりに、リトアニア第二の都市カウナスはあった。

かつてリトアニアは、パランガから黒海《こっかい》まで、東はモスクワまで百キロという大国であったが、その歴史は戦いに翻弄されてきたものだった。多くのユダヤ人に通行ビザを発給した杉原千畝の記念館は、東部丘陵地の小高い丘の上の高級住宅地の一角にある。まわりにはソ連時代にロシア人が接収した家々が並んでいる。

「この建物は一九三九年から一九四〇年まで日本領事館であり、ユダヤ人を救った杉原千畝領事が事務所とした」と書かれていた。執務室は時が止まり、当時の空気が閉じ込められたまま深い苦悩が迫ってくるようだった。隣接するヴィタウタス・マグヌス大学日本学センターでは、学生たちが日本の文化、言語を熱心に研究している。

首都ヴィリニュスから三十キロのところに、リトアニアの最初の首都であったトゥラカイがある。湖が多く、その一つのガルヴェ湖の半島の先端にトゥラカイ城が湖面に美しく姿を映している。ヴィタウタス大公の居城だった、この赤レンガの城は、一三六二年から二十年を費やしてつくられたゴシック様式の建築で、下半分が石づくりで、水深四十八メートルの湖に浮かんでいるようだ。緑の樹木が茂り、木造の橋でつながっている水上の城だ。

また、トゥラカイは、少数民族のカライム人の故郷である。一五世紀に傭兵《ようへい》としてクリミアから連れてこられたトルコ語系の人たちで、当時は四百家族がいたともいわれる。壁面に三つの窓がある伝統的な住居で、その側《かたわ》らに小さな聖堂がある。「カライ」とは「読む」ということで、聖書を読む人を意味する。今も二百人ほどが住み、独自の文化、言語、宗教や生活習慣を大切に受けついで生活している。

島の対岸の橋のたもと周辺に売店が並んでいる。その一隅で、キビナイというカライムの食べ物で、マトンをつつみ込んだパイ状の民族料理を見かけた。ロシアのピロシキのようなものだった。

夕陽が湖面を茜色に染め、薄明かりに浮かぶ城は幻想的な雰囲気をかもし出していく。

トウラカイの住居

ヴィリュニスに移るまで首都であったトゥラカイ。14世紀に建てられた城には、堀にかかる跳ね橋や壁のなかに細い螺旋階段や銃眼などがつくられていた。窓が三つある家は、15世紀初めに大公の護衛、城を守る傭兵としてクリミアから連れてこられたカライム人の伝統な住居である。

トゥラカイ♥リトアニア共和国　（2008年4月）

68 ありし日の繁栄をしのばせるパルミラ

パルミラ♥シリア・アラブ共和国

シリアは西にレバノン、北はトルコ、南はヨルダンとイスラエル、東はイラクに接する、日本の半分ほどの広さの国だ。ペルシャと西ローマ帝国を結ぶ交易の中継地として、またインドや中国から絹やコショウ、香料を運ぶ商隊が往来し栄えた。交易だけでなく、諸国の学者や芸術家を随行し、文化の中心地となっていった。

しかし、紀元前から第一次大戦の終わりまで紛争が絶えず、地理的にも歴史的にも密接にからみ合い、文化の興亡がめまぐるしく変化した。独立国となったのは、第二次大戦の後になってからである。

首都ダマスカスの北東約二百三十キロ、シリアとバビロニアの間のシリア砂漠のはずれにナツメヤシが茂る水の豊富なオアシスに、古代都市として繁栄したパルミラはあった。

パルミラの最大の神を祀る「ベル神殿」は一～二世紀に建てられ、七百五十本も並んでいたといわれる壮大な大列柱通りが遺跡として整然と並んでいる。たくさんの地下埋葬所、高さ百二十メートルの塔墓、富豪の三兄弟の納骨堂のあるネクロポリス（墓所）、野外劇場などが、夕陽に美しく映えてたそがれた。

パルミラが衰退したのち、アラブ系の諸侯《しょこう》が山の上に築いた城砦《じょうさい》が、そのパルミラ遺跡から遠く向こうに見える。

遊牧民のベトヴィンの少年がラクダにまたがり、のんびりとした鈴の音を響かせて通りすぎていく。砂漠の熱い風を防ぐ白いスカーフが、彫りの深い顔によく似合う。巻き方もそれぞれで、気分によってファッションを楽しんでいるようでもあった。ラクダの陰はどんどんのびて、山の端にすい込まれていった。

ダマスカスにあるウマイアモスクは、八世紀に建てられた世界最古のモスクである。内部は男女が厳格に仕切られていて、たとえ外国からの見学者といえども、黒ずくめでなくては入ることができない。すっぽりと頭から黒いコートを着ると、まるで「てるてる坊主」の行列のようだった。

パルミラ遺跡の列柱群

黄土色の大地にパルミラの神殿はあった。連なる山脈にかこまれたナツメヤシのオアシスに築かれた、2世紀に栄華をきわめたシルクロードの隊商都市の神殿や列柱群。1980年に世界文化遺産に登録されたが、2016年3月、過激な組織により破壊され、二度と見られなくなってしまった。

パルミラ♥シリア・アラブ共和国　（1998年11月）

69 泥の川が合流するクアラルンプール

クアラルンプール♥マレーシア

マレーシアの首都クアラルンプールは、クラン川とコンバック川が合流するところで、「泥の川が合流した地」という意味をもつ。アジアの文化が入り混じったエキゾチックな町である。イギリス統治下時代の建造物と近代的な高層ビルが並ぶマレー半島、うっそうと茂る熱帯雨林の雄大な自然に恵まれているペナン島、ランカウイ島などがある。

国土面積は日本の九〇パーセント弱。マレー半島は南北に山脈が走り、海岸部は平地と低湿地。ブルネイとインドネシアに隣接する東マレーシアは海岸部が低湿地、背後はうっそうとした熱帯雨林で、太古から育まれてきた未知の自然のなかに珍しい動植物を見ることができる。

クアラルンプールの南にマレーシアの古都マラッカがある。一四〇〇年ごろ建国されたマラッカ王国は、ペルシャやアラブの商人が数多く集まり、一大国際都市として成長してきた。現マレーシアが建国されたのは一九六三年のことである。

マレー系のほとんどの人が信仰するイスラム教のモスク、中国系の仏教寺院、インド系のヒンドゥー寺院が共存する多民族国家である。クアラルンプール鉄道駅の前にある八千人が入れる「マスジット・ネガラ国立モスク」は、東南アジア最大の規模を誇る寺院である。

またクアラルンプールから北へ十三キロのところにある「バトゥ洞窟」は、ヒンドゥー教の聖地である。二百七十二段の石灰岩の階段を登ると、天井まで百メートルもある幻想的な大鍾乳洞があり、コウモリが飛び交っている。その奥に聖者スブラマニアンを祀る洞窟寺院がある。洞窟内にはいたるところすきまなく、極彩色に彩られたヒンドゥー教の神々の彫刻が奇怪性《きかい》と激情性《げきじょう》に満ちていて、神秘的な雰囲気をかもし出している。

イスタナ・ネガラ王宮にはマレーシア国王が居住している。門前には人形かと見紛《みまが》う衛兵が交代の時がくるまで直立不動で任務に励んでいる。思わずのぞき込んでしまった。

あざやかな紅色の竹の幹が、空の青さと競い合うように目に飛び込んできた。

多民族国家

鮮やかな紅色の幹をした竹が茂る。イスラム教のモスク、中国系の仏教寺院、インド系のヒンドゥー寺院が混在し、マレー人、華人、インド人たちがカラフルな民族衣装をなびかせて行き交う。首都クアラルンプールは近代的な高層ビルとイギリス統治下時代の建物が並ぶエキゾチックな街だ。

クアラルンプール♥マレーシア　（1996年11月）

70 中世の面影が残るドイツ最古の大学都市

ハイデルベルグ♥ドイツ連邦共和国

フランクフルトから南へ七十五キロ、ネッカー川に沿って赤い屋根瓦の家々がつづく。ネッカー川はドイツ中南部の流域を流れるライン川の支流で、右岸は小高い緑、深い森にかこまれたハイデルベルグ城がどっしりとしたたたずまいを見せている。ここからハイデルベルグ旧市街を一望することができる。

城は一三世紀に建てられ、一七世紀までの四百年間に増改築がくり返され、ゴシック、ルネッサンス、バロックとさまざまな様式が混在する。しかし、一七世紀にフランスのルイ一四世によって廃墟となってしまう。また、ハイデルベルグはドイツでもっとも歴史ある大学都市としても知られ、人文主義の中心地でもあった。

ドイツで川といえば、ドナウ川も忘れてはならない。フュルステンベルク公の宮殿の庭にある直径十メートルほどの水盤からこんこんとわき出る水が源泉といわれているが、実際は、黒い森を意味するシュヴァルツヴァルト地方を流れるブレク川を源流とし、ブリガッハ川と合流して初めて「ドナウ」の名を得る。南東方向に十カ国を通って黒海に注ぐ全長二千八百五十キロのヨーロッパで二番目に長い大河である。古くは、ゲルマン民族の大移動がはじまり、オスマン帝国の重要な交通路として栄えた。

陸路でいえば、「ローマへの巡礼の道」の異名をとるロマンチック街道がある。中部ドイツからオーストリア、イタリアを結ぶ経済路として開けたもので、ライン川流域の岸辺には、緑につつまれて古城や古い町がつづく。

出発点となるマインツは、ワインの町。中州につくられたプファルツ城を通りすぎると、水の精ローレライの伝説の岩場が見えてくる。さらにシュヴァンガウの崖《がけ》の上には、尖塔《せんとう》と望楼をもつノイシュヴァンシュタイン城がそびえる。バイエルン王ルートヴィヒ二世が建てたこの城は、十七年もの歳月と巨額の費用をつぎ込んで築かれ、ドイツで一番美しい城として人気を集めている。

ほかにも、古城街道、ファンタスチック街道、アルペン街道、エリカ街道などがある。

ハイデルベルク城

ハイデンベルグにはドイツ最古の大学がある。山の上に古城が見え、ライン川の支流ネッカー川沿いに赤い屋根瓦の建物が広がる。ネッカー渓谷には、古城や中世の町並みが多く残っている。

ハイデルベルグ♥ドイツ共和国　（1997年10月）

あとがき

メールマガジンとして毎月一日号「東海歴史散策」、十五日号「地球スケッチ紀行」として、月二回の配信を続け、十四年間が過ぎました。

最初の頃は毎号送付することしか考えられませんでした。

パソコンの扱いも不慣れなままスタートしたメールマガジン。誤字脱字の多さに呆れた友人がその時々に訂正してくれました。

今でもその状況に変わりありませんが「百号までは……」「十年間は……」、そして今日に至って「やれる間は続けよう……」と、心境も変化しています。

旅の記憶は色あせることはありません。

あの駅で出会った人は、今頃何をしているのだろうか……。

谷底の村を訪ねたとき、急な坂道で行き違った人たちは……。

朝な夕なにお祈りをささげる敬虔な少女は……。

大きな荷物を背負って、細いけもの道を登って行った老人は……。

日本のように郵便事情の良い国は多くはありません。どこの国でも手紙のやり取りができると信じて疑いませんでしたが、今にして思えば、多くの人たちとのやり取りが、とても貴重であると知ったのは、つい最近のことです。

会ったからと言って親しくなれるわけではありません。

出会いとは、お互いに心に響きあうものが生じたときに始まるもので、言葉が通じなくても、身振り手振りで意思を伝え、そして、分かり合えた時から交流が始まります。

世界遺産となっているバールベック遺跡（レバノン共和国）

通じ合えた喜びは格別なものです。とはいえ、出会いがあれば別れがあり、心の交流が深くなると別れがたくなります。「忘れないでね」のことばは、心に深く突き刺さるのです。

旅先でお世話になった人には、帰国後「手づくり絵本」を作って送り続けています。別れるときは、持っている英語版のコピーを手渡し、その国の言語に翻訳できる人に、文章化を依頼してきました。

そして、その国の文字の載った「手づくり絵本」にして、昔ながらの郵便という方法で、送り返しています。

郵便事情は悪くても届いているようです。先日も一緒に撮った写真を「思い出したよ」と、手紙をくれた友人がいました。

そして、自国の図書館に「手づくり絵本」を寄贈したと記載されていました。本を大切に扱ってくれた、うれしい便りでした。

インターネットでメールを交換することが簡単になった昨今、安否を確認したり、用件のみだったりのメールはシンプルですが、ちょっと寂しい気もしますが、便利なもので、何日もかけて訪ねた山の中の村からでも、あっという間にメール交換ができるようになりました。

カトマンズの地震のときも、ずいぶん後になってから「大丈夫だった！」と、届いたメールにホッとしたこともあります。

日々進歩し続ける新しい道具を活用して、私の出会った国について、自分の目を通して映ったことを絵や文字で発信していくことは、私の人生の記録となっていくものと信じています。

二〇一七年二月

川田　きし江

旅は人生！　川田きし江さんへ

名古屋テレビ（略称メーテレ）で「歴史ウオッチング」という番組を制作していたとき、構成者として参加していたのが、川田きし江さんの伴侶、生駒忠一郎さんであった。わたしは制作者として、生駒さんと各地へロケハンに出かけた。生駒さんで思い出すのは「帰雲城伝説」である。その舞台となったのが岐阜県白川村である。合掌集落が建ち並び、ここで天正十八年（一五八六）、天正地震のため山崩れが起こり内ケ島一族が住む帰雲城は埋没してしまった。この城には莫大な金が蓄えられていたという伝説があり、一時期「埋蔵金」の城址として話題になった。この伝説に興味を示したのが生駒忠一郎さんであった。その城址は地中に埋まっているが、さてその場所はどこかということが話題となったものである。生駒さんはその中心人物であった。私も生駒さんとその地をおとずれ、村役場の人とともに付近を探ったことがある、その模様は番組で放送された。

生駒さんの著書に「二宮忠八伝」がある。川田きし江さんから、この本のビデオを作りたいという話があり、その台本を私が執筆した。その台本をもとに、川田さんが作画し、それを撮影してビデオを制作した。あとは編集所に持ち込み、編集、録音作業を行った。それがビデオ「二宮忠八伝」である。ご覧になればわかるよう、全編、川田さんの親しみ深い絵で構成されている。

今、地球上では毎日、何万機の航空機が飛行しているだろうか。それを、百五十年前、考えて、飛行器なるものを制作した二宮忠八という人はすごい人だと思っている。この人が生まれた、愛媛県八幡市はこの事業を市の世界遺産として登録すべきだと考えている。

私は平成十八年（二〇〇七年）から「賛アジア写真絵画展」を名古屋市民ギャラリーで開催しているが、川田さんは第一回から絵画部門に出展している。いつも川田さんの絵を見に来る人で、会場に人の輪が作られている。

「地球スケッチ紀行　第二巻」の出版おめでとうございます。

映像プロデューサー　関岡　渉

川田きし江（かわた・きしえ）

愛知県名古屋市生まれ。愛知学芸大学（現・愛知教育大学）卒業。日本文芸家クラブ会員。㈲キリツボ企画代表。画家。油彩、日本画、水彩水墨を描き個展にて発表。メールマガジン「地球スケッチ紀行」「東海歴史散策」（月2回発信）。手作り絵本『夜叉姫物語』は世界で出会った人に翻訳を依頼し、現在38カ国語に及ぶ。2007年～2009年、アゼルバイジャンにサクラの苗木（130本）を寄贈している。その他作品に、手作り絵本『バナナーン王国の大事件』、紙芝居「夜叉姫物語」「瀬戸銀座物語」「招き猫と泥棒」などの原画制作がある。2008年には『地球スケッチ紀行　ウ・セオ、セオ』（風媒社）を出版。

住所：〒470-0114　愛知県日進市南ヶ丘1-27-2
メールアドレス：kiritubo_01@ybb.ne.jp

地球スケッチ紀行　民族の十字路に立ちて

二〇一七年四月一〇日　第一刷発行

著者　川田きし江
発行者　髙橋正義
発行所　株式会社人間社
名古屋市千種区今池一-六-一三　〒四六四-〇八五〇
電話〇五二（七三一）二一二一　FAX〇五二（七三一）二一二二
郵便振替〇〇八二〇-四-一五五四五
制作　有限会社樹林舎
名古屋市天白区井口一-一五〇四-一〇二　〒四六八-〇〇五二
電話〇五二（八〇一）三一四四　FAX〇五二（八〇一）三一四八
印刷所　株式会社シナノパブリッシングプレス

ISBN978-4-908627-06-4 C0026
定価はカバーに表示してあります。